재미있다!
한국사

교과서 핵심을 담은 한국사 현장 수업
재미있다! 한국사 4

2015년 10월 30일 초판 1쇄 발행
2025년 7월 31일 초판 14쇄 발행

글	구완회
그림	심차섭

펴낸이	염종선
책임편집	정편집실 서채린
디자인	이은혜
조판	박지현
펴낸곳	(주)창비
등록	1986. 8. 5. 제85호
제조국	대한민국
주소	10881 경기도 파주시 회동길 184
전화	031-955-3333
팩스	031-955-3399(영업) 031-955-3400(편집)
홈페이지	www.changbi.com
전자우편	dongmu@changbi.com

ⓒ 구완회, 심차섭 2015
ISBN 978-89-364-4662-8 74910
ISBN 978-89-364-4960-5 (전6권)

* 이 책 내용의 일부 또는 전부를 재사용하려면 반드시 저작권자와 창비 양측의 동의를 얻어야 합니다.
* 책값은 뒤표지에 표시되어 있습니다. • KC마크는 이 제품이 공통안전기준에 적합하였음을 의미합니다.
* 사용 연령: 5세 이상 • 종이에 베이거나 긁히지 않도록 주의하세요.

재미있다! 한국사 4

구완회 글 ● 심차섭 그림 ● 배우성 감수

창비

머리말

현장에서 배우는 우리 역사

"역사란 무엇일까요?"

여러분 또래의 친구들에게 역사에 대해 강연할 때 단골로 하는 질문입니다. 뜻밖의 질문에 당황한 탓인지 대개는 서로 눈치 보기 바쁘지요. 그러다 한 아이가 손을 번쩍 들고 대답합니다.

"옛날에 일어났던 일요."

"옳지. 그런데 옛날에 일어났던 일이 모두 역사일까?"

"음, 그중에서도 중요한 일요!"

"오, 그래! 그런데 뭐가 중요한 일이고 뭐가 안 중요한 일이지?"

"……."

보통 이쯤 되면 말문이 막히고 맙니다. 그러면 제가 대답하지요.

"역사적으로 중요한 일이란 사람들의 삶에 영향을 끼치고 시대 흐름을 바꾼 사건들을 말해. 단군이 고조선을 세운 뒤부터 사람들은 한반도에서 나라를 이루어 살게 되었어. 철로 농기구를 만들면서 곡식을 많이 거두게 되어 사람들의 생활이 풍요로워졌지. 또 고려 때 무신의 난이 일어나자 전국에서 농민과 노비가 잇따라 난을 일으켰고. 조선이라는 나라가 세워지고 유교를 국교로 삼자 사람들의 일상생활도 차츰 변했단다. 그런가 하면 6·25 전쟁은 오늘날 남과 북이 갈라지는 데 결정적인 영향을 끼쳤고 말이야. 이렇게 사람들의 삶과 시대의 흐름을 바꾼 사건들이 모여서 역사를 이루는 거란다."

그리고 두 번째 질문을 합니다.

"우리는 왜 역사를 배워야 할까?"

"시험을 봐야 하니까요!"

순간 "와!" 하는 함성과 함께 웃음이 터져 나옵니다.

"이런, 시험을 보기 위해 역사를 배우는 게 아니야. 역사가 중요하기 때문에 학교에서 역사를 배우고 시험까지 보는 것이지. 방금 전에 시대 흐름을 바꾼 사건들이 모여 역사를 이룬다고 했지? 그러니까 역사를 알아야 지금 우리가 사는 세상이 왜 이런 모습이고, 앞으로 어떻게 변해 나갈지 알 수 있는 거야. 좀 더 나아가 생각해 보면 우리가 원하는 세상을 만들기 위해 무엇을 해야 하는지도 알 수 있을 테고."

고개를 끄덕이는 아이들이 생깁니다.

"그럼 역사를 어떻게 공부하는 것이 좋을까? 여기에는 여러 가지 방법이 있어. 그중에서도 역사 현장을 찾아가 유물과 유적을 직접 보는 방법을 추천하고 싶단다. 교실에서 배우는 것과는 비교할 수 없이 생생한 역사를 몸소 느낄 수 있거든. 현장에서 만나는 역사는 글로만 배우는 것보다 더더욱 실감 나고 머릿속에 오래오래 남는단다."

그러고 나서 역사 현장과 유물, 유적 사진을 같이 보면서 강연을 이어 갑니다.

자, 그럼 지금부터 여러분도 저와 함께 역사 현장으로 떠나 볼까요?

2015년 3월

구완회

차례

머리말 _ 현장에서 배우는 우리 역사 • 4
등장인물 • 11

1부 전쟁 이후 닥친 변화의 물결

1교시 위기를 기회로, 새로운 조선 만들기 _ 창덕궁, 국립중앙박물관

위엄 있는 경복궁, 자연스러운 창덕궁 • 16
조선 후기를 뒤덮은 변화의 물결 • 19
상업이 발달하니 신분제가 흔들흔들 • 20
새 문물이 들어와 새 학문을 낳다 • 24

세계가 인정한 아름다운 궁궐, 창덕궁 • 26

2교시 왜란과 호란 극복 프로젝트 _ 허준박물관

『동의보감』으로 백성을 구하다 • 32
대동법이 조선을 살리다 • 33
조선의 통신사는 최초의 한류 스타? • 37
계속되는 붕당 정치 • 39
악녀인가, 희생양인가? 장 희빈의 진실 • 43

『동의보감』의 모든 것, 허준박물관 • 48

3교시 돈과 기술이 조선 사회를 바꾸다 _ 한국은행 화폐박물관

농업 기술의 발달이 일으킨 변화 • 54
시장이 생기니 돈이 돈다 • 58
외국으로 진출한 조선 상인 • 61
상인이 수공업을 일으키다 • 64

화폐로 배우는 역사와 경제, 한국은행 화폐박물관 • 66

양반이 상민 되고, 상민이 양반 되다 _국립중앙박물관

변화의 시작, 공명첩 • 71
양반이 밥 먹여 주나? • 74
신분제 붕괴의 도미노 • 76
양반도 양극화, 상민도 양극화 • 80

가상 독자 투고! 시골 선비의 과거 응시기 • 82

2부 새로운 문물, 새로운 학문, 새로운 사상

서양 문물, 조선 사람의 생각을 바꾸다 _실학박물관

목숨 걸고 가져온 천리경과 자명종 • 88
중국은 세상의 중심이 아니었다! • 91
네덜란드 사람 하멜, 조선에 표류하다 • 95

조선을 선택한 외국인들 • 99

실생활에 도움을 주는 학문, 실학 _실학박물관, 다산유적지

실학, 태어나다 • 103
농업이냐, 상업이냐? • 105
다시 보자, 우리 것 • 107
실학의 대가, 다산 정약용 • 112

가상 인터뷰! 실학의 대가, 정약용을 만나다 • 116
백성을 생각하다, 다산유적지와 실학박물관 • 118

 ### 조선의 르네상스, 영정조 시대의 발전 _ 창경궁

탕평책과 탕평채 • 122
세금을 줄이고 신문고를 매달다 • 124
사도 세자, 뒤주 속에서 숨지다 • 127
세종은 집현전, 정조는 규장각 • 130
정조, 수원으로 행차하다 • 133

작지만 많은 이야기를 간직한 창경궁 • 140

 ### 서학의 전래, 동학의 탄생 _ 절두산 순교성지

학문에서 신앙으로, 서학에서 천주교로 • 145
제사를 안 지내면 사형? • 147
사람이 곧 하늘이다 • 150
만민 평등 절대 반대! • 153

목이 잘려도 신앙은 못 버린다, 절두산 순교성지 • 155

3부 조선 후기 서민과 여성의 삶

 ### 서민들의 일상생활, 예술이 되다 _ 가회박물관, 국립민속박물관

김홍도의 풍속화 속 조선 백성들 • 160
민화의 단골 캐릭터, 까치와 호랑이 • 163
조선 서민들이 사랑한 백자 • 165
조상들의 슬기가 담긴 생활용품들 • 166

구불구불 골목길 시간 여행, 가회박물관과 북촌 • 170

10교시 먹고살 만하니 노랫소리가 절로 난다 _국립국악박물관

인기 가수 부럽지 않았던 판소리 명창들 • 174
탈춤, 조선 시대 풍자 코미디 • 178
사랑과 현실을 노래한 사설시조 • 181
베스트셀러 한글 소설 • 184
조선 후기 '세책 소설' 베스트셀러 • 189
천년의 역사를 지닌 국악을 한눈에, 국립국악박물관 • 190

11교시 조선 후기에 여성으로 살기 _국립여성사전시관

그림으로 보는 조선 여성의 일생 • 196
내 평생 후회는 남편과 결혼한 것 • 200
자신의 삶을 개척한 조선 여성 • 203
조선 후기에 여성으로 산다는 것 • 205
김홍도의 풍속화로 재구성한 조선 후기 바우 엄마의 하루 • 208
여성의 역사를 찾아서, 국립여성사전시관 • 210

12교시 도저히 못 참겠다, 제멋대로 걷는 세금! _진주성 촉석루

때려잡자, 탐관오리! • 214
하필이면 세도 정치! • 218
평안도 사람들은 사람도 아닙메까? • 221
혼란 속으로 빠져든 조선 사회 • 224
백성들이 지키고 뒤엎다! 진주성과 국립진주박물관 • 226

찾아보기 • 228   참고한 책과 사이트 • 231   사진 제공 • 233
'재미있다! 한국사' 시리즈에 자문해 주신 선생님들 • 234

일러두기

1. '재미있다! 한국사' 시리즈는 새롭게 바뀐 초등학교 사회 교과서 역사 영역을 반영해 만들었습니다. 본문에 📖 표시와 함께 삽입한 글은 교과서의 주요 내용을 발췌·요약·정리한 것입니다.
2. 띄어쓰기와 맞춤법은 국립국어원 표기 원칙에 따랐습니다.
3. 이 책에 나오는 외국 인명, 지명 등은 국립국어원 외래어 표기법에 따라 표기했습니다. 단, 중국의 지명은 독자 이해를 돕기 위해 한자를 우리말로 읽어 주고, 꼭 필요할 경우에만 괄호 안에 국립국어원 외래어 표기법에 따른 지금의 지명을 써넣었습니다.
4. 본문에 나오는 책의 제목이나 신문 이름에는 『 』를, 그림이나 노래 같은 예술 작품의 제목에는 「 」를 붙였습니다. 단, 그림이나 사진 설명 글에서는 예외를 두었습니다.

등장인물

답사반 대장 '구쌤'

'재미있다! 한국사' 답사반 대장이자 한국사 현장 수업을 진행하는 역사 선생님. 어린아이처럼 천진난만하고, 장난기 넘치며, 흥이 많아 유쾌 발랄하다. 하지만 역사 이야기를 들려줄 때만큼은 누구보다 진지하다!

성실 대원 '고미'

답사반에서 둘째가라면 서러울 정도로 성실한 곰. 먹는 것을 좋아해 가방 안에 음식을 잔뜩 넣어 다니며, 아는 것이 많고 호기심도 많다. 인터뷰를 도맡아 하며, 퀴즈 내기를 좋아한다.

나대로 대원 '뿌기'

음악 듣기를 좋아해 늘 헤드폰을 쓰고 다니는 거북. 남들이 뭘 하든 크게 상관하지 않지만, 관심 있는 것이 있으면 불현듯이 나타나 누구보다 열심이다.

열심 대원 '로기'

무슨 일이든 적극적으로 참여하고 행동하는 사슴. 눈치가 빠르고 똑똑한데 아는 체를 좀 하는 편이다. 고미와 쿵짝이 잘 맞는다.

- 1592년 — 임진왜란이 일어나다
- 1607년 — 일본에 통신사를 파견하다
- 1608년 — 최초로 대동법이 실시되다
- 1610년 — 허준이 『동의보감』을 편찬하다
- 1636년 — 병자호란이 일어나다
- 1659년 — 효종이 죽자 남인과 서인 사이에 예송 논쟁이 일어나다
- 1674년 — 숙종이 왕위에 오르다
- 1678년 — 상평통보를 발행하다
- 1689년 — 인현 왕후가 폐위되고 장 희빈이 왕비가 되다

1부

전쟁 이후 닥친 변화의 물결

1교시 | **위기를 기회로, 새로운 조선 만들기** _ 창덕궁, 국립중앙박물관

2교시 | **왜란과 호란 극복 프로젝트** _ 허준박물관

3교시 | **돈과 기술이 조선 사회를 바꾸다** _ 한국은행 화폐박물관

4교시 | **양반이 상민 되고, 상민이 양반 되다** _ 국립중앙박물관

1교시
위기를 기회로, 새로운 조선 만들기

> 임진왜란과 병자호란은 조선 사회를 걷잡을 수 없는 혼란 속으로 빠뜨렸어. 전쟁이 끝나고도 한동안 무엇 하나 제자리를 잡은 것이 없었지. 하지만 위기는 곧 기회였단다. 전쟁의 혼란을 계기로 조선 사회에서는 새로운 바람이 불기 시작했어. 그 바람을 타고 조선 사회는 많은 것이 달라지게 되었어. 변화가 시작된 거야.

여러분 안녕? 오늘부터는 조선 후기를 배울 거야. 그래서 이곳을 찾았어. 조선의 궁궐 중에서 유일하게 유네스코 세계 문화유산으로 등록된 창덕궁. 창덕궁은 경복궁 다음으로 세워진 궁궐이야. 경복궁이 조선 전기를 대표하는 궁궐이라면 창덕궁은 조선 후기의 대표 궁궐이지. 임진왜란으로 모든 궁궐이 불타 버린 후 광해군 때 경복궁 대신 규모가 작은 창덕궁을 먼저 재건했어. 전쟁으로 백성들의 생활이 어려운데 커다란 경복궁을 다시 짓느라 너무 많은 국력을 써 버리면 안 되었기 때문이야. 이후 오랫동안 창덕궁을 조선의 으뜸 궁궐로 사용했어. 안타깝게도 경복궁은 임진왜란이 끝나고 250여 년이 더 지나서야 비로소 제 모습을 찾게 되었단다.

위엄 있는 경복궁, 자연스러운 창덕궁

경복궁 대신 창덕궁을 먼저 다시 지은 것은 꼭 경제적인 이유 때문만은 아니었어. 임진왜란 이전에도 조선의 왕들은 틈만 나면 창덕궁에서 머물곤 했단다. 왜냐고? 그건 창덕궁을 직접 둘러보면 알 수 있을 거야. 미리 힌트를 조금 주자면 창덕궁은 편안하고 아름다운 궁궐이라는 것.

창덕궁 정문인 돈화문만 보면 경복궁 정문인 광화문이랑 크게 다른 것 같지 않다고? 그렇지 않아. 광화문에서 근정전을 지나 뒤편 북악산까지 일자로 쭉 뻗은 경복궁이 왕실의 위엄을 상징한다면, 정문인 돈화문을 지나 후원까지 굽이굽이 이어지는 땅 모양을 그대로 살린 창덕궁은 자연과 조화를 이루고 있거든. 경복궁이 중국에서 들여온 유교 예법에 딱 맞게 지은 궁궐이라면, 창덕궁은 조선의 현실에 맞춰 예법을 변형했다고 볼 수 있어. 조선의 왕들은 자연과 조화를 이룬 창덕궁 후원을 사랑했고, 유네스코도 같은 이유로 창덕궁을 세계 문화유산으로 지정한 거야. 유네스코 세계 문화유산 홈페이지를 보면 "창덕궁은 자연과의 조화로운 배치가 탁월하다."라고 쓰여 있어.

창덕궁이 아름답기만 한 건 아니야. 여기서는 조선의 왕이 백성들을 생각하는 마음까지 찾아볼 수 있단다. 창덕궁의 정문인 돈화문을 한번 봐. 문 앞으로 땅바닥보다 약간 높게 돌로 긴 단을 쌓은 것이 보이니? 이걸 '월대'라고 부르는데, 여기서 공연을 하거나 행사를 열었어. 보통 월대는 국가의 공식적인 행사가 열렸던 정전 앞

돈화문과 월대

에 놓이거나 왕과 왕비, 대비 등이 거주하는 내전 건물 앞에 놓이기 마련이야. 궁궐의 정문에 이렇게 월대가 길게 뻗어 나와 있는 곳은 돈화문밖에 없어. 조선 후기를 대표하는 왕 중 한 사람인 영조는 중요한 사안이 있을 때면 돈화문 월대에서 백성들과 직접 만나 대화했단다. 단지 대화로 그친 것이 아니라 그 결과를 나랏일에 반영했지. 그뿐만 아니라 창덕궁 안에 신문고를 설치해 백성들의 억울한

소리를 직접 들었어.

어때? 창덕궁을 보니 조선 후기의 모습이 느껴지지 않아? 조선의 현실에 맞는 문화와 백성을 위한 정치. 이런 것들이 있었기에 임진왜란과 병자호란이라는 두 차례의 큰 전쟁을 겪고 난 이후에도 조선 사회가 수백 년 동안 유지될 수 있었던 것이 아닐까?

조선은 어떻게 임진왜란 이후에도 수백 년간 유지되었을까?

임진왜란이 끝난 후 일본의 도요토미 히데요시 가문은 몰락하고, 얼마 지나지 않아서 중국의 명나라도 멸망했어. 하지만 조선은 그후로도 200년 이상이나 지속되었지. 이상하지 않아? 분명히 전쟁에서 가장 큰 피해를 입은 것은 조선이었는데 말이야. 많은 역사 학자들은 그 이유를 조선 사회의 힘 때문이라고 생각해. 임진왜란 이전까지 정비된 조선의 제도와 사회 체제가 그만큼 튼튼한 것이었다는 말이지. 게다가 전쟁 이후의 변화와 개혁도 조선 사회가 유지되는 힘이 되었어. 하지만 어떤 사람들은 왜란과 호란으로 조선이 무너지고 새로운 나라가 세워졌다면 우리 역사가 더욱 발전했을 수도 있었다고 주장하기도 한단다. 여러분 생각은 어때?

조선 후기를 뒤덮은 변화의 물결

그럼 조선 후기에는 구체적으로 무엇이 어떻게 변한 것일까? 교과서 내용을 한번 볼까?

📖 임진왜란과 병자호란을 겪으면서 드러난 문제점들을 해결하기 위하여 조선은 다양한 노력을 하였다. 골뿌림법과 모내기법이 전국적으로 보급되어 농업 생산량이 향상되었고, 새로운 세금 제도인 대동법을 시행하였다. 이와 함께 새로운 문물이 전래되어 사회에 많은 변화가 생겨났다. 상공업과 농업 기술이 발달하면서 경제적으로 부유한 상민들이 늘어났다. 곳곳에 장이 서고 물건을 파는 사람들도 많이 생겼다. 장의 발달과 함께 화폐의 사용도 점차 활발해졌다.

큰 전쟁이 두 번씩이나 벌어졌으니 나라가 휘청거리는 것도 당연한 일이겠지? 흔들리는 나라를 안정시키기 위해서는 많은 변화들이 뒤따를 수밖에 없었어. 새로운 경작법이 퍼지고, 조세 제도가 달라지고, 낯선 문물이 전래되고, 장이 서고, 화폐가 사용되고…….

이렇게 여러 분야에서 한꺼번에 많은 변화가 일어나니 여러분도 헷갈리기만 한다고? 이런, 그러면 안 되지. 잠시 국립중앙박물관으로 자리를 옮겨 유물을 보면서 설명해 줄게. 헷갈릴 때는 실물을 직접 보는 것이 최고거든. 국립중앙박물관 조선3실의 주제는 '새로운 질서의 모색'. 전쟁으로 인한 국가의 위기를 극복하기 위해 새로운 질서를 찾는다는 뜻이지.

대동법 시행을 기념한 비석의 탁본

전시실에 있는 커다란 탁본이 보이니? 탁본이란 비석에 새긴 글씨나 그림을 종이에 그대로 떠낸 거야. 그 옆에 '대동법 시행을 기념한 비석의 탁본'이라고 쓰여 있군. 비석에 새겨진 글은 효종 때 충청도 관찰사였던 김육이 충청도 지방에 대동법을 시행해 백성에게 이로움을 주었다는 내용이야. 김육은 대동법의 시행을 강력하게 주장했던 인물이란다.

대동법은 이전에 특산물로 내던 '공납'이라는 세금을 쌀로 내도록 한 법이야. 이렇게 함으로써 백성들의 부담은 덜고 나라의 수입은 늘렸단다. 신기하지? 백성한테서 거두는 세금이 곧 나라의 수입인데, 백성의 부담을 줄이면서 어떻게 나라의 수입을 늘릴 수 있었던 걸까? 그 비법은 중간에서 세금을 빼돌리던 관리의 횡포를 막는 데 있었단다. 대동법이 바로 그런 법이었어. 자세한 내용은 다음 시간에 더 설명해 줄게.

상업이 발달하니 신분제가 흔들흔들

탁본 옆에는 익숙한 유물이 있어. 가운데 네모난 구멍이 있는 동그란 동전. 우리가 보통 '엽전'이라고 부르는 상평통보야. 조선을

대표하는 화폐라고 할 수 있지. 조선 시대에 화폐가 본격적으로 쓰이기 시작한 것은 임진왜란과 병자호란 이후의 일이란다. 그 전까지는 상업이 발달하지 않아서 돈 쓸 일이 별로 없었거든. 가끔 물건을 살 필요가 생겨도 집에 있는 쌀이나 옷감을 돈처럼 사용했어. 그러다 조선 후기에 상업이 발달하면서 전국 곳곳에 장이 들어서고, 장에 살 만한 물건이 많아지니까 돈 쓸 일 또한 많아진 거야. 이제는 무거운 쌀이나 옷감을 가지고 다니는 것이 귀찮은 일이 되었지. 그래서 장의 발달과 함께 화폐의 사용도 점점 활발해졌다는 말씀.

상평통보 앞면(위)과 뒷면(아래)

이렇게 상업이 발달하니 필요한 상품이 늘어나 수공업도 발달하게 되었어. 상공업이 발달하니 부유한 상인들과 수공업자들이 생겨났어. 농업 기술이 발달하면서 부유한 농민들도 생겨났고.

하지만 세상일이란 빛이 있으면 그림자도 생기는 법. 조선 후기에는 부유한 사람들뿐 아니라 가난한 사람들도 생겨났단다. 그중에는 자기 자신을 노비로 팔아야 할 만큼 가난한 사

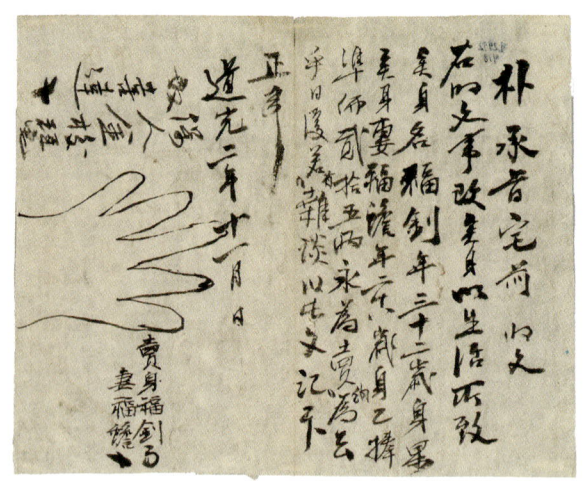

노비 자매 문서

람들도 있었지. 가만, 그럼 멀쩡한 상민이 천민이 되는 거네. 조선 후기에는 이렇게 가난한 상민은 천민이, 반대로 부자 상민은 양반이 되기도 했어. 그런 탓에 신분제가 흔들리기 시작했지.

상평통보 옆에 손바닥이 그려진 문서가 보일 거야. 이건 자신과 아내를 25냥에 노비로 판다는 계약서야. 손바닥은 서명이고. 가난한 사람은 배움도 짧아서 자기 이름도 쓸 줄 모르는 경우가 많았는데, 그럴 때는 손바닥을 그려서 서명을 대신했단다.

상민이 천민 되는 문서가 있었으니, 상민이 양반 되는 문서도 있었겠네? 맞아. 그런 문서를 '공명첩'이라고 불렀어. 공명첩이란 이름을 적지 않은 백지 임명장이야. 옛날에는 나라에서 벼슬을 내릴 때 사람 이름이 적혀 있는 임명장을 주었어. 그런데 임진왜란과 병자호란 이후에는 아무나 돈만 내

면 이 임명장을 받을 수 있었단다. 어떻게 이런 일이? 두 차례의 큰 전쟁을 겪으면서 국고가 텅 비자 나라에서는 돈이나 곡식을 바치는 사람의 이름을 공명첩에 적어 넣고 벼슬을 주었지. 상공업과 농업 기술이 발달하여 부자가 된 상민들이 공명첩을 구입했단다. 벼슬을 산 상민은 양반으로 신분이 상승했고, 반대로 가난한 양반은 상민과 다름없이 살게 되었어.

상민이 양반이 되고 양반은 상민이 되는 세상! 조선 전기였다면 상상도 할 수 없는 일이었지. 이렇게 되자 조선을 떠받치던 신분 제도가 흔들흔들, 따라서 사회도 매우 혼란스러워졌어.

조선 후기의 변화에 대한 다음 설명 중 잘못된 것은?

① 상공업과 농업 기술이 크게 발달했다.
② 경제적으로 부유한 상민들이 생기면서 신분 제도가 흔들렸다.
③ 신분 제도가 더욱 철저하게 유지되었다.
④ 새로운 법에 따라 세금을 내게 되었다.

정답 | ③번. 조선 후기에는 상민이 노비나 양반이 되는 등 신분 제도가 흔들렸어.

새 문물이 들어와 새 학문을 낳다

하지만 조선 후기의 사회가 혼란스러운 것만은 아니었어. 혼란 속에서도 새로운 생각과 학문이 싹텄지. 여기에는 청나라를 통해 들어온 새로운 문물들이 큰 역할을 했단다. 전시실에는 복잡한 길이 거미줄처럼 연결된 옛날 지도가 한 장 있어. 이건 청나라의 수도였던 연경(지금의 베이징)의 지도야. 조선 사신들은 연경에서 책이나 서양의 물건을 구입했어. 바로 이곳 연경을 통해 새로운 문물이 조선 땅으로 들어온 것이지.

새로운 문물은 새로운 생각과 학문을 낳았어. 그중 대표적인 것이 바로 실학이란다. 실학이란 어려움에 빠진 백성들의 실생활에 도움이 되는 실용적인 학문이야. 연경 지도 옆에는 대표적인 실학자인 정약용의 『목민심서』라는 책이 있군. 실학과 정약용, 『목민심서』에 대해서는 나중에 자세히 살펴보게 될 거야.

지금까지 임진왜란과 병자호란 이후 조선의 변화를 대략적으로 살펴보았어. 어때? 조선 후기를 뒤덮은 변화의 물결이 느껴져? 아직 좀 실감이 안 난다고? 좋아, 다음 시간부터는 변화의 내용을 하나하나 꼼꼼히 살펴보기로 하자.

「각국도」에 수록된 연경 지도 ▶

세계가 인정한 아름다운 궁궐, 창덕궁

애련지와 애련정

    평지에 들어선 경복궁이 조선 왕실의 위엄을 나타냈다면, 북한산 자락을 그대로 감싸 안은 창덕궁은 자연과의 조화를 강조했어. 일제 강점기를 거치면서 많은 건물이 훼손된 창덕궁은 1991년부터 복원되기 시작했지만, 그래도 다른 궁궐에 비해 원래 모습을 가장 많이 간직하고 있단다. 창덕궁 관람은 일반 관람과 후원 특별 관람으로 나뉘는데, 일반 관람은 후원을 제외한 창덕궁을 자유롭게 볼 수 있는 것이고, 후원 특별 관람은 미리 예약된 시간에 맞춰 문화 해설사의 안내에 따라 후원을 둘러보는 거야. 후원을 보지 않은 창덕궁 관람은 팥소 없는 찐빵과도 같아. 그러니 창덕궁을 찾았다면 후원 특별 관람을 빼먹지 말기를 바라. 창덕궁 후원에서는 조선 정원의 아름다움을 제대로 느낄 수 있거든.

    아까 수업 시간에 조선의 왕들이 창덕궁에서 머물기를 즐겼다는 이야기를 했지? 그래서 창덕궁의 크고 작은 건물마다 깊은 역사가 담겨 있어. 영조가 백성들을 만나 이야기를 나누었다는 돈화문이 바로 창덕궁의 정문이야. 그런데 돈화문을 지나서 중심 건물인 인정전으로 가기 위해서는 직각으로 꺾어져

부용지와 영화당

불로문(위)과
옥류천(아래)

야 하고, 그러면 나오는 마당은 비뚜름한 사다리꼴 모양이야. 자연 지형을 그대로 살렸기 때문에 그런 거란다.

  왕이 업무를 보거나, 왕과 왕비가 생활하던 건물들을 지나면 드디어 창덕궁의 하이라이트인 후원이 나와. 아름다운 후원의 곳곳에도 재미난 이야기들이 숨어 있어. 후원 초입의 규장각 앞에 있는 연못인 부용지에서는 영조의 뒤를 이은 정조와 신하들이 함께 술을 마시며 시를 지었대. 제대로 시를 짓지 못하는 신하들은 연못 안의 작은 인공 섬으로 '유배'를 보내기도 했대. 늙지 않고 오래 살기를 바라는 마음을 담아 통돌을 깎아 만든 불로문(不老門)을 지나면 또 하나의 연못인 애련지(愛蓮池)가 나와. 더러운 곳에서도 맑게 피어나는 연꽃을 사랑한 숙종이 '애련'이라는 이름을 붙였대. 후원 여행은 맑은 물이 커다란 바위를 휘돌아 흐르는 옥류천에서 끝이 난단다.

:: 알아 두기 ::

가는 길 지하철 1·3·5호선 종로3가역 6번 출구로 나오면 정문인 돈화문까지 걸어서 딱 10분.

관람 소요 시간 창덕궁 일반 관람 약 1시간, 후원 특별 관람 약 1시간 30분.

휴관일 매주 월요일.

추천 코스 일반 관람은 돈화문에서 시작해 인정전과 희정당, 대조전과 낙선재까지, 후원 특별 관람은 함양문에서 출발해 부용지, 불로문, 애련지를 거쳐 옥류천으로.

2교시
왜란과 호란 극복 프로젝트

임진왜란과 병자호란을 거치면서 조선은 매우 큰 어려움에 빠져들었어. 전쟁 기간 동안 많은 사람들이 죽거나 포로로 끌려가서 인구수가 줄어들었고, 농사를 지을 수 있는 땅이 사라졌지. 또한 갑작스러운 저온 현상과 가뭄으로 흉년이 이어지고 전염병이 퍼져 많은 사람이 목숨을 잃었단다. 하지만 전쟁 후유증을 극복하려는 노력이 계속되면서 조선 사회는 조금씩 안정되기 시작했어.

오늘의 현장 수업 장소는 서울시 양천구에 있는 허준박물관이야. 조선 최고의 명의였던 허준과 그가 지은 『동의보감』(1610년)은 모두 알고 있지? 동양 최고의 의학서 중 하나이자 유네스코 세계 기록 유산인 『동의보감』은 임진왜란을 극복하는 과정에서 태어나게 되었단다. 전쟁 후 발생한 질병으로 고통받는 백성을 구하기 위해 선조가 우리 실정에 맞는 의학서 편찬을 명령했거든. 허준은 선조가 내려 준 중국 의학서 500여 권을 철저히 분석하고 거기에 자신의 진료 경험을 더해, 중국의 의학이 아닌 우리 풍토와 체질에 맞는 의학서를 만들었어. 이 책이 바로 『동의보감』이야. 『동의보감』 편찬은 허준이라는 뛰어난 의원이자 의학자가 있었기에 가능한 일이었지. 어때? 이제 허준박물관을 찾은 이유를 알 수 있겠지?

📖 이 시기의 의학서는 중국의 것을 그대로 사용하고 있어 우리 백성들에게는 잘 맞지 않았고, 우리 땅에서 나오는 약초도 잘 몰라서 병을 치료하는 데 사용하지 못하였다. 그리하여 허준은 우리 땅에서 자라고 주변에서 쉽게 구할 수 있는 약초를 이용해 질병을 치료할 수 있는 방법과 처방법을 정리한 『동의보감』을 편찬하였다.

허준박물관을 본격적으로 둘러보기 전에 오른쪽 그래프를 먼저 살펴볼까? 임진왜란과 병자호란이 낳은 결과를 보여 주는 그래프야.

우선 인구의 변화부터. 임진왜란 전에는 400만 명이 넘었던 인구가 병자호란 후에는 약 152만 명으로, 무려 절반 이상 줄어들었네. 그런데 이 인구수는 남녀노소를 모두 포함한 숫자가 아니야. 이 당시의 인구 조사는 군대나 국가 공사에 동원될 수 있는 성인 남자만을 대상으로 이루어졌어. 그것도 세금을 내지 않는 양반이나 천민은 빼고 말이야. 그렇다면 나머지 사람까지 포함한 조선 전체의 인구로 따진다면 얼마나 줄었을까? 학자들은 대략 20~30퍼센트 정도 인구가 감소했을 것으로 생각해.

다음으로 토지의 변화를 살펴볼까? 임진왜란 전에는 약 170만 결이었던 토지가 임진왜란 이후에는 약 50만 결로 줄어들었군. 어라? 아무리 전쟁의 피해가 컸다지만 땅이 사라질 수도 있는 거야? 물론 그건 아니야. '결'이란 조선 시대 논밭의 넓이를 재는 단위야. 그러니까 여기서 토지란 농

큰 전쟁을 두 번이나 겪고 결딴난 조선을 살려야 한다!

전쟁 후 인구와 토지의 변화

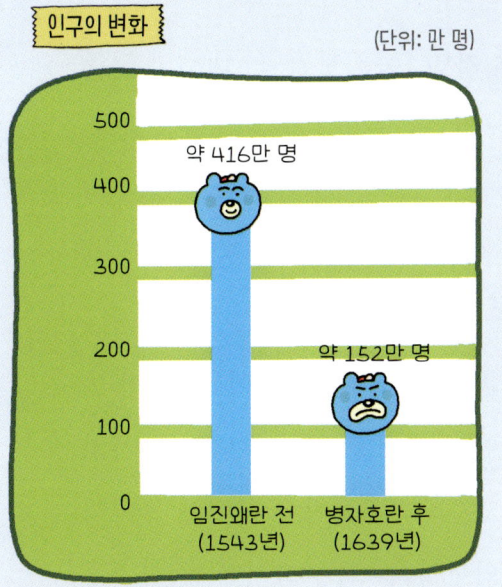

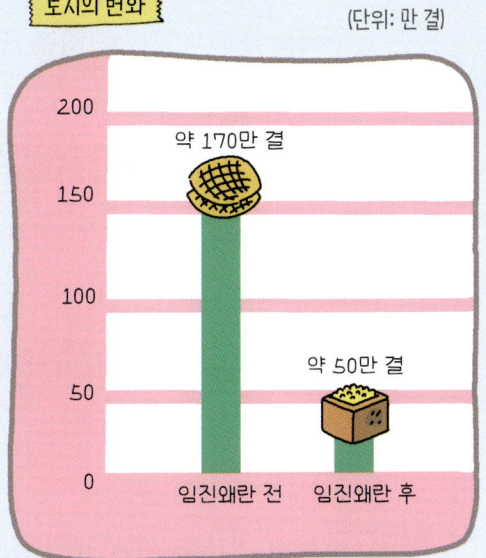

사짓는 땅인 농경지를 뜻해. 전쟁을 겪으면서 오랫동안 농부의 손길이 닿지 않아 농토가 황폐해져서 농사를 지을 수 없는 땅이 많아진 거란다. 농사를 지을 수 있는 논밭이 3분의 1로 줄어든 것이지.

이렇게 인구와 농경지가 감소하면 어떤 일들이 벌어질까? 농사짓기가 힘들어지고 백성들의 살림살이가 어려워지겠지. 그렇다면 해결책은? 인구를 늘리고 새로운 농경지를 만들어 내는 것! 그런데 이것보다 먼저 해야 할 일이 있었어. 전쟁에서 살아남은 사람들이 부상과 전염병 때문에 큰 고통을 겪고 있었거든. 그래서 나온 것이 바로 허준의 『동의보감』이야.

『동의보감』으로 백성을 구하다

　허준박물관 3층의 허준기념실에 가면 『동의보감』의 내용과 허준의 일생을 살펴볼 수 있어. 『동의보감』의 '동의(東醫)'는 중국의 동쪽, 그러니까 조선의 의학을 가리켜. 중국과는 다른 조선 의학에 대한 자부심이 묻어나는 이름이지. '보감(寶鑑)'은 '다른 사람이나 후세에 본보기가 될 만한 귀중한 일을 적은 책'이라는 뜻이야. 그러니 『동의보감』은 '조선 의학의 정수를 담은 귀중한 책'이 되는 거지. 『동의보감』은 중국과 일본에서도 여러 차례 간행될 정도로 그 가치를 인정받았어. 체계가 잘 짜여 있고, 병마다 처방을 풀이해 놓아서 활용하기 편리했기 때문이야. 『동의보감』은 학문적으로 큰 의미를 가질 뿐 아니라 전쟁으로 피폐해진 백성들의 생활을 개선하는 데에도 큰 도움이 되었단다.

동의보감

하지만 『동의보감』을 만드는 과정은 순탄하지 않았어. 아직 책을 완성하지 못한 상태에서 선조가 숨을 거두었거든. 당시 궁궐 병원인 내의원의 의관이었던 허준은 왕을 살려 내지 못한 데에 대한 책임을 지고 귀양길에 오르게 되지. 당시에는 아무리 왕이 불치병으로 죽었다 하더라도 왕을 치료하던 의관이 일정한 책임을 져야 했어. 하지만 세자 시절 허준의 도움으로 두창(천연두)을 치료했던 광해군이 허준을 귀양에서 풀어 줘. 그리고 1년 뒤, 허준은 『동의보감』을 완성해 광해군에게 바쳤어. 광해군도 『동의보감』을 보고 크게 기뻐했다고 해.

대동법이 조선을 살리다

선조가 『동의보감』을 만들어서 백성들을 질병에서 구하려고 했다면, 그 뒤를 이은 광해군은 대동법을 실시해서 백성들의 세금 부담을 줄였어. 이 또한 백성들의 살림살이를 도와 전쟁이 남긴 고통을 극복하는 일이었지. 그럼 대동법이 뭔지 자세히 알아볼까?

> 나라에서는 굶주림으로 고통받는 백성들을 위하여 세금 제도를 정비하여 백성의 부담을 덜어 주고자 하였다. 특히 특산물로 거두었던 세금을 토지를 가진 사람에게는 쌀이나 베·무명, 동전으로 내도록 바꾸었는데, 이것을 대동법이라 한다.

조선 시대 세금 3종 세트

전세

농경지에 부과하는 세금. 보통 수확량의 10분의 1을 거뒀다.

역

백성들이 노동력을 제공하는 것으로, 요역과 군역으로 나뉜다.

공납

그 지방에서 나는 특산물을 바치는 것. 공납에 문제가 생겨 대동법이 실시되었다.

대동법을 이해하기 위해서는 먼저 조선 시대의 세금 제도에 대해 알아야 해. 나라에서 백성들에게 세금을 걷기 시작한 것은 까마득히 오래전의 일이야. 국가가 처음 생기면서부터라고 할 수 있지. 하지만 세금을 걷는 방식인 조세 제도는 시대가 변하면서 조금씩 바뀌게 되었단다. 조선 시대에 이르면 국가는 백성들에게서 크게 세 가지 종류의 세금을 거뒀어. 첫 번째는 '전세'. 이건 농사짓는 땅에 부과되는 세금이야. 즉, 농민들이 농사를 짓는 대가로 나라에 바치는 세금이지. 보통 수확량의 10분의 1 정도를 쌀로 받았지. 다음으로는 '역'. 궁궐을 짓는 등 나라에서 공사를 벌일 때 백성들을 동원해 일을 시키는 게 '역'이지. 전쟁이 일어났을 때 백성들을 군대에 동원하는 것도 '역'에 해당하는 일이야. 공사에 노동력을 제공하는 것을 '요역',

군대에 복무하는 것을 '군역'이라 불렀어. 마지막 한 가지는 '공납'이라는 세금이야. 이건 지방에서 나는 특산물을 나라에 바치는 거야.

그런데 시간이 지나면서 공납 제도에 문제가 생겨. 지방의 환경이 바뀌면서 기존의 특산물이 더 이상 생산되지 않는 일이 생기기도 하고, 아예 처음부터 잘못된 특산물이 정해진 경우도 있었어. 그러면 나라에서 특산품을 바꿔 주면 되겠네? 하지만 그러지 않았어. 대신 '방납'이라는 관행이 생겨 버렸지. 어느 지방에서 특산품이

생산되지 않으면, 하급 관리나 상인들이 주민들에게 돈을 받아 다른 지방에서 그 특산품을 사서 나라에 대신 내 주는 일을 말해. 그 과정에서 방납을 맡았던 상인들은 이익을 많이 챙겼지. 어떻게? 백성들에게서 물건값보다 돈을 더 많이 받아서! 게다가 공납을 담당했던 하급 관리들은 백성들이 가져온 특산품에 괜한 트집을 잡아서 퇴짜를 놓고는 다른 물건을 사 오도록 했어. 그러고는 이 물건을 파는 상인들한테서 뒷돈을 받았지. 잘못된 공납과 방납 때문에 백성들은 큰 고통을 겪었고, 임진왜란으로 살림살이가 어려워진 이후에 그 고통은 더욱 심해졌어.

그래서 나온 제도가 대동법이야. 대동법이란 모든 공물을 특산물 대신 쌀(베, 무명 등)로 통일하여 내도록 한 법이지. 대동법을 시행하면서 방납을 할 필요가 없어졌기 때문에 백성들의 부담이 크게 줄어들었어. 그뿐만 아니라 국가의 수입도 늘어났단다. 이전에는 지역별로 똑같은 양의 특산품을 세금으로 받았지만 대동법을 통해서 땅을 많이 가진 사람일수록 세금을 더 많이 내도록 했거든. 방납으로 이익을 보던 관리들과 땅을 많이 가진 부자들은 대동법을 반대했어. 이러한 반대를 무릅쓰고 대동법을 처음 실시한 사람이 바로 광해군이야. 하지만 아쉽게도 광해군은 대동법을 적극적으로 추진하지는 않았어. 방납의 피해가 가장 컸던 경기도에서만 시행했지. 하지만 그 후 인조 때에는 강원도로, 인조의 뒤를 이은 효종 때는 전라도와 충청도로, 숙종 때는 함경도·평안도·제주도를 제외한 전국으로 대동법 시행 지역을 점차 넓혀 갔단다.

 김육과 대동법

김육(1580~1658년)은 양반 가문에서 태어나 어려서부터 천재 소리를 들을 만큼 공부를 잘했지만, 벼슬을 하는 대신 10년 동안이나 농사를 지으면서 살았어. 나이 마흔이 넘어서 벼슬길에 올랐는데 얼마 안 있어 병자호란이 일어났지. 전쟁이 끝나자 김육은 살기 힘든 백성들을 위해 경기도와 강원도에서만 시행되었던 대동법을 확대 실시할 것을 주장했단다. 공납으로 이익을 보던 벼슬아치들이 반대했지만, 김육이 효종 때 우의정이 되어 대동법을 강력하게 주장한 덕분에 충청도와 전라도에까지 시행될 수 있었어. 김육이 이렇게 대동법에 힘을 쓴 것은 몸소 농사를 지어 백성들의 어려움을 잘 알았기 때문일 거야.

김육

조선의 통신사는 최초의 한류 스타?

『동의보감』으로 백성들의 목숨도 구하고 대동법 덕분에 나라의 살림살이도 나아졌으니, 이제 임진왜란과 병자호란은 극복된 것일까? 이거 뭔가 부족한데……. 그렇지! 우리나라에 쳐들어와서 이렇게 큰 피해를 입힌 일본과 청나라와의 관계를 바로잡는 게 필요했지.

일본에서는 임진왜란이 끝나고 나서 지배자가 바뀌었어. 전쟁을 일으켰던 도요토미 히데요시가 임진왜란이 끝나기 직전에 죽은 건 기억하지? 이후 그의 아들이 뒤를 이었는데, 도요토미 히데요시의 신하였던 도쿠가와 이에야스가 그 아들을 죽이고 정권을 잡은 거야. 새롭게 정권을 잡은 도쿠가와는 조선과 다시 평화롭게 지내며 교류하고 싶어 했어. 조선에서는 교류는커녕 일본에 원수를 갚아야 한다는 의견이 많았지만, 결국 조정은 일본이 원하는 대로 사절단을 파견하기로 결정했어. 임진왜란 때 일본에 포로로 끌려간 조선인들을 데려오고, 일본이 또다시 전쟁 준비를 하지 않나 감시하기 위해서였지.

그래서 처음에는 사절단의 이름을 '도적을 염탐한다'는 뜻으로 '탐적사'라고 불렀어. 하지만 두 번, 세 번 횟수를 거듭하면서 '통신사'라는 이름으로 바뀌었단다. '통할 통(通)'에 '믿을 신(信)'. 글자 그대로 '믿음을 통하게 하는 사절단'이라는 뜻이야. 수백 명으로 이루어진 통신사는 일본과의 평화를 다지고 조선의 수준 높은 문화를 일본에 전해 주었어. 덕분에 일본에 간 조선의 통신사를 보기 위해 길목마다 수많은 일본인들이 구름처럼 몰려들었다고 해. 마치 요즘의 한류 스타를 볼 때처럼 말이야.

그렇다면 청나라와의 관계는 어땠을까? 여기에 대해선 3권 11교시 때 이미 이야기했어. 청나라에 인질로 끌려갔던 효종(봉림 대군)이 돌아와 북벌을 추진했다고 말했던 것 기억나니? 하지만 실천에 옮기지는 못했다고도 했지. 명나라를 멸망시키고 중국 대륙을 차지한 청나라는 점점 힘이 세졌으니까. 가뜩이나 전쟁 이후에 살림살이가 어려웠던 조선은 전쟁 준비가 힘들었고. 게다가 효종마저 세상을 뜨면서 북벌은 없던 이야기가 되어 버렸어.

조선의 국서(국왕이 보내는 외교 문서)를 싣고 강을 건너는 배

계속되는 붕당 정치

임진왜란과 병자호란 이후에 이렇듯 많은 것들이 바뀌었지만, 변하지 않은 것들도 있어. 그중 하나가 붕당 정치야. 임진왜란 직전 일본에 갔던 사신들의 붕당이 달랐다고 설명했던 것 기억하니? 그중 일본이 조선에 쳐들어올 리가 없다고 주장한 사신(김성일)이 속한 붕당(동인)이 힘이 더 세서 결국 전쟁 준비를 하지 않았다고 했잖아. 어찌 보면 붕당 정치 때문에 임진왜란의 피해가 더 커졌다고도 볼 수 있겠네. 그렇다면 두 번의 전쟁을 거치면서 나라가 어려워졌으니 양반들은 붕당을 없애고 힘을 모았을까? 불행히도 현실은 정반대였어. 붕당 정치는 오히려 심해졌단다. 이렇게 양반들이 붕당

을 나눠서 싸움을 한 것을 당파 싸움, 혹은 당쟁이라고 불러.

그럼 말이 나온 김에 조선 시대 붕당들을 쫙 한번 정리해 볼까?

최초의 붕당은 선조 때 동인과 서인이었어. 이들은 '이조 전랑'이

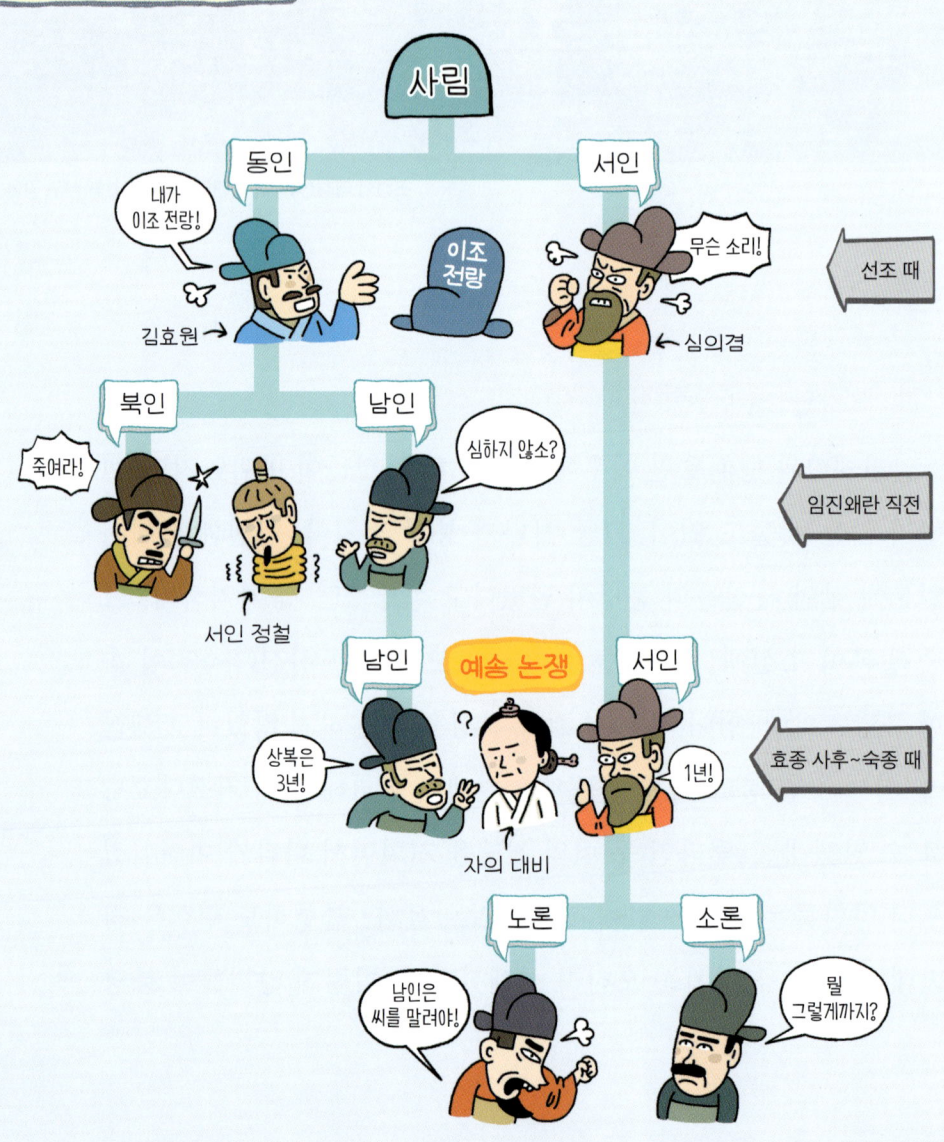

라는 벼슬을 두고 다투었단다. 이조 전랑은 관리를 뽑는 데 큰 영향을 미치는 막강한 자리였거든. 김효원이라는 사람이 이조 전랑이 되는 걸 심의겸이 반대하면서 이걸 두고 사림 세력이 둘로 갈렸는데, 김효원 편을 든 이들을 동인, 심의겸 편을 든 이들을 서인이라 불렀어. 이유는 간단해. 김효원의 집이 한양의 동쪽, 심의겸의 집은 서쪽에 있었거든.

임진왜란 직전에 동인은 다시 북인과 남인으로 갈려. 이 무렵 서인에서 동인으로 변신한 정여립이 반란을 일으키려 했다는 혐의를 받게 되었는데, 이 사건을 맡은 서인 정철이 동인들을 사형에 처하거나 귀양을 보냈지. 그런데 얼마 뒤에는 정철 자신이 선조의 미움을 사서 귀양을 가게 되었어. 속으로 이를 갈던 동인에게 기회가 온 셈이야. 과연 정철에게 어떻게 보복을 해야 속이 시원할까? 동인은 정철을 어떻게 처리할 것인가를 놓고 죽이자는 북인, 살리자는 남인으로 갈리게 되었단다.

당쟁은 인조의 뒤를 이은 효종이 죽고 나서 더욱 심해졌어. 이때는 효종이 죽고 나서 계모인 자의 대비가 얼마 동안 상복(친족이 죽어서 장례를 치르기 위해 입는 예복)을 입을 것이냐 하는 문제를 두고 남인과 서인이 대립했지. 남인은 효종이 맏아들은 아니지만 왕이니까 상복을 3년 입어야 한다고 주장했고, 서인은 효종이 맏아들이 아니니까 1년만 입어도 된다고 주장했어. 이걸 '예송 논쟁'이라고 불러. 그런데 '논쟁'이라고 해서 단순한 말싸움으로 끝난 게 아냐. 이 과정에서 수많은 사람들이 귀양을 가거나 목숨을 잃었단다. 이후 숙종 때는 남인과 서인이 서로 번갈아 가며 정권을 잡으면서 피해가 더욱 커졌어. 이때 정권을 잡은 서인은 다시 노론과 소론으로 갈렸지. 이유는 동인이 북인과 남인으로 갈린 것과 비슷해. 서인이 권력을 잡았으니 남인의 씨를 말려야 한다는 주장이 노론, 그래도 사정을 좀 봐줘야 한다는 쪽이 소론이었어.

 **조선은 양반들의 당파 싸움 탓에 망했다?**

조선을 식민지로 만든 일제는 '조선을 지배한 양반들이 밤낮 당파 싸움만 일삼아 조선은 망할 수밖에 없었다.'라고 주장했어. 하지만 조선의 양반들이 당파 싸움만 했던 것은 아니야. 예를 들어 임진왜란이 일어났을 때 목숨을 걸고 의병을 일으켜 백성들과 함께 나라를 지킨 것 또한 조선의 양반들이었단다. 만약 조선의 양반들이 정말 당파 싸움에만 매달렸다면 어떻게 조선이라는 나라가 500년이나 유지될 수 있었겠니? 다른 나라의 지배층이 그렇듯 조선의 지배층이었던 양반 또한 좋은 점과 나쁜 점이 있었던 거야.

악녀인가, 희생양인가? 장 희빈의 진실

숙종 때의 당파 싸움은 한 명의 여인을 사이에 두고 일어났어. 그 여인의 이름은 장옥정. 흔히 '장 희빈'으로 불려. 혹시 여러분 중에 장 희빈이라는 이름을 들어 본 친구가 있을지도 몰라. 장 희빈은 조선 역사에 이름을 남긴 몇 안 되는 여자 중 하나거든. 남자들 중심이었던 조선에서 여자의 이름이 역사에 남는다는 건 대개 두 가지 경우야. 좋은 아내이자 훌륭한 어머니이거나, 아니면 아주 못된 짓을 일삼던 악녀이거나. 전자를 대표하는 이로 신사임당, 후자를 대표하는 이로 장 희빈을 들 수 있지.

어릴 때 궁녀가 되었던 장 희빈은 나중에 숙종의 사랑을 받으면서 점점 지위가 높아져서 후궁 중에서도 가장 높은 '빈'의 자리에 올라서 '희빈'이라는 이름을 받았단다. 조선 시대에는 왕의 후궁도

여러 등급으로 나뉘어 있었거든. 그런데 장 희빈은 여기에 만족하지 않았어. 조선의 여성이 올라갈 수 있는 최고의 신분인 왕비가 되고 싶었던 거야. 그래서 자기에게 푹 빠져 있던 숙종을 부추겨서 원래 왕비인 인현 왕후를 쫓아내고 왕비가 되었지. 하지만 훌륭한 인품을 지녔던 인현 왕후와는 달리 장 희빈은 온갖 못된 일을 일삼았단다. 결국 진실을 알게 된 숙종은 다시 인현 왕후를 왕비로 삼고 장 희빈을 내쫓게 되었지. 이게 보통 사람들이 알고 있는 장 희빈 이야기야. 그런데 장 희빈의 이야기는 그렇게 단순하지 않아. 여기에는 당쟁이라는 복잡한 정치 상황이 얽혀 있단다.

숙종 때 당파 싸움이 치열해지면서 후궁들도 특정 붕당과 손을

창경궁 통명전

잡고 정치에 깊숙이 개입하게 되었어. 아까 예송 논쟁을 벌인 것은 남인과 서인이라고 얘기했지? 장 희빈은 남인 세력이었고, 당시 왕비였던 인현 왕후는 서인 집안 출신이었어. 자녀가 없었던 인현 왕후 대신 장 희빈이 왕자를 낳자 숙종은 인현 왕후를 폐위하고 장 희빈을 왕비로 삼았지. 이 과정에서 서인 세력은 몰락하고 남인이 정권을 잡게 되었어.

하지만 이야기는 여기서 끝이 아니야. 인현 왕후가 폐위된 지 5년 만에 남인이 몰락하고 서인이 다시 정권을 잡게 되었거든. 그러자 장 희빈은 후궁으로 떨어지고 인현 왕후가 다시 왕비가 되었어. 몇 년 뒤 인현 왕후가 병으로 죽게 되자, 장 희빈은 인현 왕후의 초상화를 그려 놓고 화살을 쏘는 등 저주를 퍼부었다는 죄목으로 사약을 받아. 한낱 궁녀로 출발해서 왕비의 자리까지 올랐던 장 희빈은 결국 비극적인 최후를 맞은 것이지. 어떤 사람들은 장 희빈이 타고난 미모로 숙종의 마음을 사로잡아 왕비까지 되었지만 못된 마음씨 때문에 죄를 받아 죽게 되었다고 말해. 자신의 야망을 이루기 위해 왕을 유혹했다는 거야.

하지만 다른 사람들은 오히려 장 희빈이 희생양이었다고 주장하기도 해. 장 희빈이 숙종을 이용한 것이 아니라, 반대로 숙종이 왕권을 강화하기 위해 장 희빈을 이용했다는 거야. 무슨 소리냐고? 장 희빈을 왕비로 삼았다가 후궁으로 떨어뜨리고, 다시 사약을 내려 죽이는 과정에서 남인뿐 아니라 서인 세력까지도 힘을 잃었거든. 워낙 많은 사람들이 사형을 당하거나 귀양을 갔으니 말이야. 결과적으로 왕권은 강화되었고, 이후 왕위에 오른 영조는 강력해진 왕권을 바탕으로 당파 싸움을 억제하는 정책을 펴게 된단다. 여기에 대해서는 다음에 좀 더 자세히 알아보도록 하자.

울릉도와 독도 파수꾼 안용복

숙종 때 당파 싸움만 있었던 건 아냐. 전쟁으로 입은 피해가 대부분 복구되었고, 농업과 상업이 발달했지. 또한 이 시기에 울릉도와 독도가 조선 땅임을 확실히 해 두는 일이 있었단다. 울릉도에서 고기잡이를 하던 안용복은 일본인들이 함부로 울릉도에 들어온 것을 보고 동료들과 힘을 합쳐 쫓아내려다가 오히려 사로잡혀서 일본으로 끌려가고 말았지. 하지만 그는 울릉도와 독도가 조선 땅임을 당당히 밝혔고, 일본 조정으로부터 울릉도와 독도가 조선 땅이라는 확인을 받아 내고 돌아왔단다. 그런데 몇 해 뒤에 다시 일본인들이 울릉도에 와서 고기를 잡는 것이 안용복의 눈에 띄었어. 그러자 안용복은 다시 한 번 일본 땅까지 쫓아가서 사과를 받아 냈고, 마침내 일본 조정은 울릉도와 독도가 조선 땅이라는 공식 문서를 보내왔어. 그 후 철종 때까지 100여 년 동안 울릉도와 독도 문제로 조선과 일본 사이에 분쟁이 일어나지 않았단다. 19세기 말 조선 정부에서는 울릉도에 주민 이주를 장려하고 관리를 파견하여 독도를 관리하기도 했어.

부산 수영사적공원의 안용복 동상

 역사 현장 탐사

『동의보감』의 모든 것, 허준박물관

내의원 모형

'허준박물관'은 이름 그대로 조선 시대를 대표하는 한의학자인 허준과 그의 대표작 『동의보감』에 대한 모든 것을 전시해 놓은 박물관이야. 그런데 왜 서울시 양천구에 있느냐고? 허준이 태어난 곳도, 『동의보감』을 쓴 곳도, 세상을 떠난 곳도 이 지역이라고 알려져 있거든. 이곳에는 허준과 『동의보감』에 대한 전시물만 있는 게 아냐. 조선 시대 궁궐 병원인 내의원과 일반인이 찾던 한의원의 모습을 정교하게 재현해 놓은 입체물 등을 통해서 우리 한의학의 역사와 내용을 알려 주고 조선 시대 사람들은 어떻게 병을 치료했는지도 설명해 줘.

허준은 양반 가문의 서자로 태어났기 때문에 '과거 시험의 꽃'인 문과를 볼 수가 없었어. 그래서 선택한 것이 잡

허준 동상

 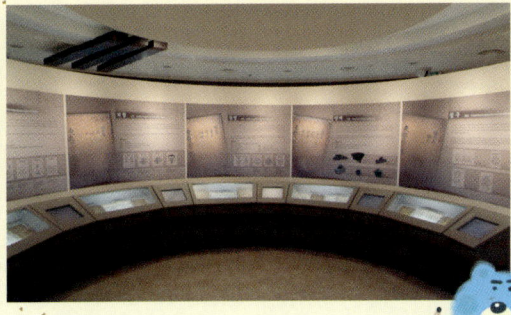

한의원 모형(왼쪽)과 동의보감실(오른쪽)

과, 그중에서도 의관이 되는 길인 의과였단다. 결국 선조 때에 왕을 진찰하는 어의가 되고, 당시 왕세자였던 광해군의 두창(천연두)를 치료하면서 정2품의 벼슬에 올랐어. 당시 의관으로 정2품까지 올라가는 것은 드문 일이었지. 그리고 마침내, 임진왜란의 후유증으로 각종 질병에 시달리는 백성들을 위해 『동의보감』을 집필함으로써 역사에 길이 이름을 남기게 되었단다.

전시실은 대부분 박물관 3층에 있어. '허준기념실'에서는 『동의보감』의 내용과 허준의 일생을 살펴볼 수 있고, '약초·약재실'에서는 우리 전통 약초·약재의 종류와 효능에 대해 알 수 있지. 이어지는 '의약기실'에서는 침과 뜸을 비롯한 한의학 의료 기구들과 약초를 캐는 채약 도구들, 약을 만드는 제약기, 약을 달이는 약탕기, 약의 무게를 재는 약도량형기 등을 볼 수 있어. 기능도 기능이지만 모양새나 문양 등도 매우 아름다운 것이 눈에 띄네. 조선 시대 내의원과 한의원을 정교하게 재현한 '내의원·한의원실'과 전통 제약기를 이용해 직접 약을 갈아 보는 '약 갈기 체험실'도 재미있어. 체험실에서는 자신의 체질을 알아볼 수도 있어. 한의학 중에서도 '사상 의학'이라는 이론에 따르면 사람의 체질은 태양인, 태음인, 소양인, 소음인으로 구분할 수 있거든. 체질마다 특징이 있어서 똑같은 병에 걸려도 처방이 달리 나오는 거야.

박물관 옥상 정원에서는 멀리 한강을 볼 수 있단다. 이곳은 서울시 우수 조망 명소로 선정되었을 정도로 전망이 훌륭해. 날씨가 좋다면 박물관 바로 옆 구암근린공원에서 산책을 즐기는 것도 좋아. 여기에서는 허준 동상을 볼 수 있단다.

:: 알아 두기 ::

가는 길 지하철 9호선 가양역 1번 출구에서 걸어서 10분.
관람 소요 시간 약 1시간.
휴관일 매주 월요일, 1월 1일, 설날과 추석 당일.
추천 코스 3층의 허준기념실, 약초·약재실, 의약기실, 내의원·한의원실 등을 둘러본 후에 옥상 정원을 산책하면 돼.

3교시
돈과 기술이 조선 사회를 바꾸다

> 지난 시간까지 왜란과 호란 이후 조선 사회의 변화와 발전에 대해서 살펴보았어. 그런데 이러한 변화의 밑바탕에는 기술과 경제의 발전이 자리잡고 있었단다. 왜란과 호란을 거치면서 농업 기술이 발전하고, 물건을 사고파는 거래가 활발해지면서 경제가 크게 발전할 수 있었지. 이에 따라 상공업이 발달하고 사람들의 생활까지도 달라지게 된 거야.

오늘 수업은 누구나 좋아하는 돈 이야기로 시작해 볼까? 지금 여러분 주머니에 있는 돈 말고, 조선 시대의 돈 말이야. 실물을 보면서 이야기를 하면 더욱 실감이 나겠지? 그래서 이곳에 왔어. 한국은행에서 운영하는 화폐박물관. 여기는 우리나라 화폐뿐 아니라 세계 여러 나라 화폐의 역사까지도 배울 수 있는 곳이야.

조선 시대에는 어떤 돈을 썼지? 동그란 모양에 가운데에 네모난 구멍이 뚫린 동전. 이름이 뭐였지? 엽전? 상평통보? 모두 맞아. 상평통보는 조선 시대에 발행했던 여러 동전 중 하나의 이름이고, 엽전은 예전에 사용하던 동전 전체를 일컫는 이름이야. 조선에는 상평통보 말고도 조선통보, 십전통보 등 여러 종류의 동전이 있었단다. 엽전은 '잎사귀 엽(葉)' 자에 '돈 전(錢)' 자를 썼어. 하필이면 왜

나뭇잎일까? 조선 시대에는 동전 틀에 금속을 녹여 부은 뒤에 굳어서 나온 동전들을 나뭇잎처럼 하나씩 떼어 내는 방식으로 동전을 만들었거든. 이건 화폐박물관에 전시된 '돈나무' 모양을 보면 쉽게 알 수 있어.

우리 나라 화폐의 역사

화폐박물관의 '화폐 광장'에서는 우리나라 화폐의 역사를 볼 수 있어. 우리나라 최초의 동전은 고려 시대인 996년에 만든 '건원중보 배(背) 동국철전'이야. 중국의 건원중보를 모방하여 동전 뒷면(背)에 우리나라를 뜻하는 '동국'을 새겨 넣은 화폐지. 1101년에는 은으로 만든 병 모양의 화폐인 '은병'이 만들어졌어. 1287년에는 쪼개어 사용하는 '쇄은'이 선보였어. 고려 말인 1391년에는 최초의 종이돈인 '저화'를 만들었고, 조선 건국 이후인 1423년에 '조선통보' 등을 만들었으나 모두 잘 쓰이지 않았어. 그러다 숙종 때인 1678년에 만들어진 '상평통보'가 전국적으로 퍼지면서 조선 말까지 200여 년 이상 널리 쓰이게 되었단다.

건원중보　　은병　　쇄은　　조선통보　　상평통보

조선 시대 엽전 만들기

1. 거푸집에 모래를 채운다.

2. 도가니에 구리, 주석 등을 넣고 고열에 녹여 쇳물을 만든다.

3. 거푸집의 구멍으로 쇳물을 부어 넣는다.

4. 쇳물이 굳으면 거푸집을 갈라서 엽전을 떼어 낸다.

5. 엽전의 거친 부분을 다듬는다.

6. 완성된 엽전을 정리한다.

엽전을 넣어 두던 돈궤

화폐박물관에 전시된 돈나무

농업 기술의 발달이 일으킨 변화

화폐박물관에서 돈나무가 전시된 곳의 이름은 상평통보 갤러리야. 옛날 화폐에는 상평통보 말고도 여러 종류가 있다고 했는데, 유독 상평통보 갤러리만 있는 이유는 상평통보가 조선 시대 화폐를 대표하기 때문이지. 숙종 때인 1678년 상평통보를 만들고 나서부터 사람들이 본격적으로 돈을 쓰기 시작했거든. 그 전에는 돈이 있어도 쓰지 않았어. 왜냐고? 돈을 쓸 일이 거의 없었기 때문이야. 그 이전의 사람들은 먹을 것, 입을 옷, 쓰는 물건까지도 모두 직접 만들었으니까. 아주 가끔 특별한 물건이 필요한 경우에도 쌀이나 옷감이 돈 대신 쓰였지. 부인에게 줄 은가락지를 쌀 두 말 주고 사는 식으로 말이야. 사람들이 돈을 쓰기 시작했다는 것은 돈을 주고 살 물건이 많아졌다는 뜻이기도 해. 그러니까 임진왜란과 병자호란을 거치고 난 숙종 때부터 물건이 많아졌다는 소리지. 이건 기술이 발달했기 때문에 가능한 일이었단다.

가장 눈에 띄는 것은 농업 기술의 발달이었어. 그중에서도 골뿌림법과 모내기법의 보급으로 농업 생산량이 크게 늘어났지.

📖 농업 생산량을 전쟁 이전으로 회복하기 위해 나라와 백성들은 황폐해진 땅을 다시 일구어 농토를 넓혔다. 나라에서는 농사에 필요한 저수지나 보를 만들었고, 골뿌림법이나 모내기법과 같은 농사법을 이용하여 농업 생산량을 늘렸다.

김홍도가 그린 것으로 전해지는 「누숙경직도」

모내기를 하면 수확량도 늘고, 일거리도 줄어드니 일석이조~!

    골뿌림법은 밭에 움푹한 고랑과 두둑한 이랑을 만들어 놓고 고랑에 씨를 뿌리는 방법이야. 이렇게 하면 그냥 평평한 밭에다 씨를 뿌리는 것보다 바람도 잘 통하고 잡초를 뽑는 것도 쉬워진단다.

    모내기법은 3권 9교시에서 설명한 것 기억나니? 논에다 직접 볍씨를 심는 대신, 다른 곳에 미리 심어서 어느 정도 자란 후 논에 옮겨 심는 방법이지. 이렇게 어느 정도 자란 벼를 '모'라고 불렀어. 모내기란 모를 심는 작업을 가리키는 말이야. 볍씨를 직접 논에다 심으면 골고루 심기도 어려울 뿐 아니라 싹이 트는 과정에서 죽는 것들이 생기는데, 잘 자란 모를 골라 심으면 수확량이 확실히 늘어났어. 고려 후기에 시작된 모내기법은 조선 후기에 들어서 급격히 퍼졌지.

여기서 질문 하나! 왜 조선 전기에는 모내기법이 널리 퍼지지 않았을까? 모내기법은 자칫 농사를 망칠 수도 있는 위험한 기술이었거든. 모내기를 하고 날이 가물면 볍씨를 직접 심은 것보다 수확량이 형편없었어. 물론 비가 제대로 온다면 문제가 없었지만 말이야. 그래서 조선 전기의 농민들은 모내기법을 받아들이길 주저했던 거야. 하지만 임진왜란과 병자호란 이후 농경지가 크게 줄어들게 되자 수확량을 늘리기 위해 위험을 무릅쓰고 너도나도 모내기법을 도입하게 되었지.

줄을 맞춰서 모를 심으니까 잡초를 뽑는 것도 수월했어. 농사를 지을 때 가장 품이 많이 드는 일이 바로 잡초를 뽑는 김매기였거든. 모내기법을 이용하면서 적은 일손으로 많은 농사를 지을 수 있게 되었지. 전쟁으로 일손이 크게 줄었기 때문에 모내기법은 여러모로 도움이 되었던 거야. 또한 비료 주는 방법까지 널리 퍼지면서 농업 생산량은 더욱 늘어났단다. 그 전까지는 아무리 열심히 농사를 지어도 자기 식구 먹을 것도 빠듯했는데, 이제는 먹고 남는 것을 팔 수도 있게 된 거야.

임진왜란과 병자호란을 거치면서 다른 나라에서 새로 들어온 작물들도 재배되었어. 이 전쟁에는 일본과 명나라와 청나라만이 아

니라 몽골 사람들까지도 가담했고, 전쟁 이후에 나라들 사이의 교류가 다시 활발해졌거든. 이때 들어온 대표적인 작물들이 고구마와 감자, 고추, 토마토, 담배 등이야. 가뭄에도 잘 자라는 고구마와 감자는 가난한 백성들에게 큰 도움이 되었어. 고추가 들어오면서 김치도 오늘날처럼 빨간색을 띠게 되었지. 담배는 처음에는 약재로 여겨지다가 후에 기호품으로 크게 유행했어. 어때? 이 정도면 돈을 쓸 조건이 충분히 마련된 것 같아? 그리고 또 하나, 본격적으로 돈이 돌기 전에 우선 상품이 모일 수 있는 장소가 필요했어. 그게 바로 장(시장)이야.

 **고추의 세계 여행**

고추의 원산지는 아메리카 대륙이야. 고추가 처음으로 고향 땅을 떠나게 된 것은 아메리카를 처음 찾은 유럽 사람인 콜럼버스 때문이었어. 하지만 15세기에 그가 에스파냐로 가져간 고추는 어디론가 사라지고 말아. 이후에 포르투갈 사람들이 브라질에서 가져간 고추가 유럽 전역으로 퍼지게 되었지. 유럽의 고추는 포르투갈의 선교사들을 통해 일본으로 전해졌어. 고추의 매운맛에 깜짝 놀란 일본 사람들은 고추를 독약으로 쓰기도 했다고 해. 조선 땅에 고추가 들어온 것은 일본 사람들을 통해서였어. 그래서 처음에 고추는 '왜겨자'라는 이름으로 불리기도 했대.

시장이 생기니 돈이 돈다

처음으로 지방에 장이 서기 시작한 것은 조선이 세워지고 수십 년이 흐른 15세기 중반 무렵이야. 그 전에도 서울에는 운종가 등 시장이 있었지. 하지만 이건 나라에서 세운 장이고, 지방 백성이 스스로 장에 모여 물건을 사고팔기 시작한 건 한참 후의 일이었어. 그런데 지방의 장은 좀처럼 발달하지 못했단다. 나라에서 장이 서는 것을 금지했거든. 왜냐고? 나라 살림에서 가장 중요한 것은 농사인데, 장이 발달하면 사람들이 장사에 열중하게 되어 자칫 농사짓는 일에 소홀해질까 봐 걱정했던 거야.

하지만 백성들이 필요해서 장이 서는 것을 국가가 막을 수는 없었어. 꾸준히 증가하던 지방 장은 임진왜란과 병자호란 이후에 폭발적으로 증가해. 농업 기술이 발달하고 새로운 작물이 들어오면

시장에서 돌아오는 사람들의 모습이 그려져 있어.

김홍도의 「나룻배」

서 상품이 늘어났으니까. 그러면서 자연스럽게 마을마다 장이 서게 되었지. 처음에는 보통 한 달에 두 번 정도 서던 장이 점차 5일에 한 번씩 열리는 5일장으로 변해 갔어. 그리고 거리가 가까운 장들은 저마다 열리는 날짜가 달라서, 결국 지역 전체로 보면 매일 장이 서는 것 같은 효과가 나타났지. 이제 장은 백성들의 생활과 떼려야 뗄 수 없는 것이 되어서, 장날에 지역 주민들이 모여서 물건을 사고 팔 뿐 아니라 서로의 안부를 묻고 소식을 교환하는 것이 흔한 풍경이 되었단다.

 이렇게 장에서 물건을 사고파는 것이 일상이 되면서 문제가 하나 생겼어. 장에 갈 때마다 쌀이나 옷감을 들고 가서 필요한 물건과 바꿔 오는 것이 불편하고 번거로운 일이 된 거야. 그러자 사람들은 돈을 사용하기 시작했지. 그 전에는 나라에서 제발 좀 사용하라고 해도 거들떠보지도 않았는데 말이야. 백성들도 돈을 쓰다 보니 그 편리함을 알게 되었어. 그 전 같으면 커다란 쌀가마니를 지고 가야 했는데, 동전은 주머니에 넣어 가면 될 정도로 가벼웠으니까. 게다가 금속으로 만든 동전은 쌀이나 옷감처럼 상할 염려가 없었거든. 장

에서 물건을 사고파는 일이 백성들의 일상이 되면서 돈 또한 널리 사용하게 된 것이지. 더구나 전부터 화폐 사용을 장려하던 국가에서는 세금이나 벌금도 돈으로 걷기 시작했어.

외국으로 진출한 조선 상인

전국적으로 장이 생기고 돈이 쓰이기 시작하니 자연스럽게 상업이 발달했어. 그러자 상인들의 활동도 활발해지기 시작했단다.

전국 곳곳에 장이 서기 시작하면서 장을 돌아다니면서 물건을 파

는 사람들이 많이 생겼어. 혹시 '장돌뱅이'라는 말을 들어 본 적이 있니? '장을 돌아다니며 물건을 파는 장사꾼'이라는 뜻이야. 전국을 통틀어 장이 몇 군데 없었을 때에는 장돌뱅이가 생길 수 없었지.

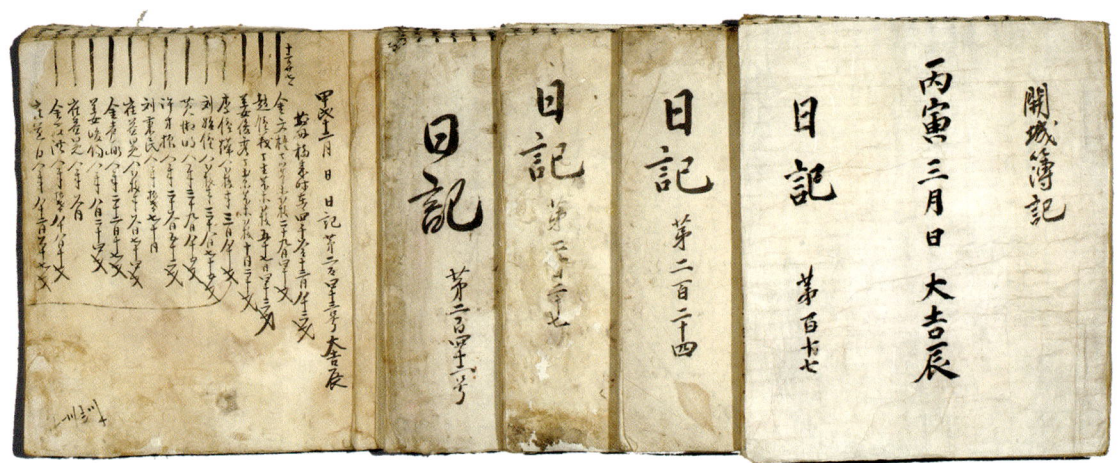

개성 상인이 작성한 거래 장부

하지만 이제 장이 안 서는 곳이 없으니 농사지을 땅이 없는 사람이라도 장돌뱅이가 된다면 충분히 먹고살 수 있게 되었어. 당연히 상인들의 숫자가 점차 늘어나게 되었고, 그러다 보니 상업이 발달한 지역을 기반으로 활동하는 상인 조직들도 나타나게 되었어.

이들 중 한강 주변의 경강상인, 개성의 송상, 의주의 만상, 동래의 내상 등은 많은 물건을 거래하면서 큰 이익을 얻었고, 전국의 장뿐만 아니라 외국에도 물건을 사고팔았단다.

서울의 한강을 중심으로 활동했던 경강상인이 주로 취급한 품목은 쌀이야. 예나 지금이나 서울은 인구가 가장 많은 곳이니 전국의 쌀이 한강을 통해서 서울로 몰려들었거든. 한강에 자리를 잡은 경강상인들이 지방에서 올라온 쌀을 받아서 서울 사람들에게 되판 거야. 쌀뿐 아니라 소금, 나무, 생선 등 서울 사람들이 필요로 하는 상품들은 거의 모두 경강상인들의 손을 거쳐야 했단다.

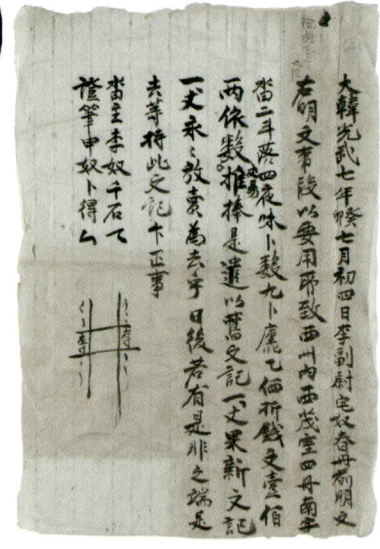

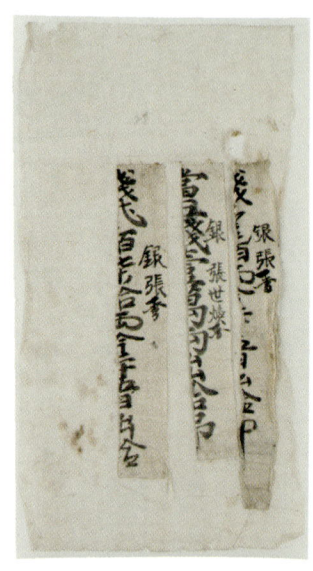

엽전보다 간편한 수표와 어음을 사용했다는 건 그만큼 상업이 발달했다는 뜻이야.

조선 시대 상인들이 작성한 수표(왼쪽)와 어음(오른쪽)

개성의 송상은 옛날부터 한반도를 대표하는 상인 집단이었어. 개성은 고려의 수도이자 인삼으로 유명한 곳이었거든. 고려 인삼은 세계적으로도 유명해서 송상은 중국, 일본 등과도 활발히 무역 활동을 벌일 수 있었지. 의주의 만상과 부산의 내상은 지리적 이점 덕분에 성장할 수 있었어. 앞의 지도를 보면 알 수 있듯 의주는 중국, 부산은 일본과 가까웠거든. 이렇게 조선 후기의 상인들은 한반도뿐 아니라 중국, 일본과도 무역을 했단다.

상인이 수공업을 일으키다

상업이 발달하니 수공업도 따라서 발달했어. 이 당시의 공업은 물건을 공장에서 기계로 대량 생산하는 것이 아니라 공방에서 하나하나 손으로 만들었기 때문에 수공업이라고 불러. 대장간에서 농기구들을 생산하는 것이 대표적인 수공업이지. 조선 전기에는 수공업의 발달 또한 미미한 수준이었어. 이유는 상업이 발달하지 못한 것과 같아. 국가에서 농업 이외의 산업은 억제했기 때문이야. 특히 수공업의 경우에는 물건을 만드는 장인들을 관청에서 직접 관리하고 감독했어. 그런데 임진왜란과 병자호란을 거치면서 이러한 체계가 무너지기 시작해. 관청에 소속되어 있던 장인들이 독립해서 자기 마음대로 물건을 만들어 팔기 시작했거든.

이건 상업이 발달했기 때문에 가능한 일이었어. 부유한 상인들이 장인들에게 미리 돈을 주고 물건을 만들도록 시켰거든. 상인들한테 미리 돈을 받으니 굳이 관청에 얽매이지 않아도 먹고사는 것은 문제가 없었으니까. 상인들이 미리 물건을 주문할 수 있었던 것은 전국에 장이 서고 사람들이 물건을 활발하게 사고팔았기 때문에 가능한 일이었지. 그러니까 농업 기술이 발달해서 생산량이 늘고, 새로운 작물을 재배하여 전국의 장에서 사고팔고, 돈이 일상적으로 쓰이면서 상업이 발달하고, 상업이 발달하면서 수공업도 발달했는데, 이것은 모두 맞물려 일어난 일이었단다.

그런데 변화는 여기서 끝이 아니었어. 기술과 경제의 변화는 사회와 문화의 변화까지 불러왔지. 다음 시간에는 사회의 변화 중에서도 가장 중요한 신분 제도의 변화에 대해 알아보도록 하자.

 역사 현장 탐사

화폐로 배우는 역사와 경제, 한국은행 화폐박물관

화폐 광장

    이곳은 '은행의 은행'인 한국은행에 자리 잡은 화폐박물관이야. 우리나라를 비롯한 세계 여러 나라의 화폐를 볼 수 있는 곳이지. 화폐의 역사뿐만 아니라 금융과 우리나라의 경제 정책도 알기 쉽게 설명해 놓았어.
    이 박물관이 자리 잡은 한국은행 건물 자체가 근대 문화 유적이야. 일제 강점기인 1912년에 지어진 조선은행 본점이 바로 이 건물이었거든. 조선은행은 일제 강점기 때 돈을 찍어 내던 중앙은행이야. 조선 총독부가 식민지를 지배하는 데 필요한 자금을 대 주기도 했지. 전쟁으로 파손되기도 했지만 원래 모양대로 복구하여 그 당시 건물의 특징을 잘 보여 주고 있어. 건물의 바깥쪽 벽은 화강암을 일일이 정으로 쪼아서 만들었고, 바닥은 나무로, 천장은 석고로 마감했다는구나. 그럼 박물관 안으로 들어가 볼까?

'화폐의 일생' 전시실(왼쪽)과 '돈과 나라 경제' 전시실(오른쪽)

1층 '화폐 광장'에는 한국과 중국, 일본의 시대별 화폐뿐 아니라 세계 각국의 진귀한 화폐가 전시되어 있어. 오래 보관하고 편리하게 교환하기 위해 대부분의 나라에서 금속으로 화폐를 만들었는데 모양은 저마다 다르구나. 세상에는 이렇게 많은 종류의 돈들이 있단다. 또한 화폐를 보면 그 나라에 대해 많은 것을 알 수 있지. 우선 화폐 속에는 그 나라 사람들이 가장 존경하는 인물들이 등장해. 우리나라의 신사임당과 미국의 링컨 대통령, 인도의 마하트마 간디와 몽골의 칭기즈 칸 등이 바로 그런 사람들이야. 또한 화폐에는 그 나라에 있는 세계 문화유산이 등장하기도 해.

'화폐의 일생'에서는 화폐가 만들어지고 순환하는 과정과 위조 화폐를 식별하는 방법 등을 알 수 있어. '돈과 나라 경제'에서는 화폐가 우리나라 경제를 어떻게 움직이는지 설명하고 있지. 아까 수업 시간에 살펴보았던 '상평통보 갤러리'에서는 조선 시대 대표 화폐인 상평통보와 관련된 재미난 이야기들을 알 수 있단다.

2층의 '모형 금고'에는 돈이 산더미처럼 쌓여 있어. 비록 모조 지폐지만 말이야. '세계의 화폐실'에는 현재 세계 각국에서 쓰이고 있는 화폐를 전시해 놓았고, '체험학습실'에서는 돈의 제작과 유통에 대한 다양한 체험도 가능하지.

:: 알아 두기 ::

가는 길 지하철 4호선 명동역 5번 출구로 나오면 걸어서 5분.
관람 소요 시간 약 1시간.
휴관일 매주 월요일, 설 연휴, 추석 연휴, 12월 29일~다음 해 1월 2일.
추천 코스 화폐 광장에서 화폐의 역사를 보고, 상평통보 갤러리를 지나 2층 세계의 화폐실과 모형 금고를 구경한 후, 체험학습실에서 재미난 퀴즈도 풀자.

4교시
양반이 상민 되고, 상민이 양반 되다

> 농업 기술과 상공업이 발달하니 사람들의 생활도 달라지기 시작했어. 가장 눈에 띄는 변화는 새로운 부자들이 나타난 것. 기술이 발달해 한 사람이 지을 수 있는 농지가 늘어나고 상업이나 수공업을 통해 많은 돈을 버는 것이 가능해졌거든. 상민 중에 부자가 된 사람들은 돈을 주고 양반이 되기도 했어. 반대로 가난한 양반들은 상민들과 다를 바 없이 생활하게 되었단다.

　오늘은 국립중앙박물관에 다시 왔어. 우선 그림을 하나 볼까? 조선 후기의 작품인「태평성시도」야. 큰 성으로 둘러싸인 도시 안에 화려한 건물들과 사람들이 가득하군. 이건 8폭 짜리 커다란 병풍 그림인데 특히 물건을 만들거나 사고파는 사람들의 모습이 가장 큰 비중으로 그려져 있어. 사실 이건 조선의 실제 모습을 그린 그림은 아니야. 중국 그림을 참고해서 그린 상상화에 가깝지. 하지만 이 그림에는 조선 후기 사람들이 생각했던 이상적인 도시의 모습이 담겨 있단다. 지난 시간에 조선 후기는 농업뿐 아니라 상업과 수공업까지 발달해 경제적으로 활기찬 사회였다고 했던 것 기억나지?
　이렇게 경제가 발달하니 사회도 변하기 시작했어. 그중에서도 가장 중요한 것은 신분제의 변화야. 양반, 중인, 상민, 천민으로 구분

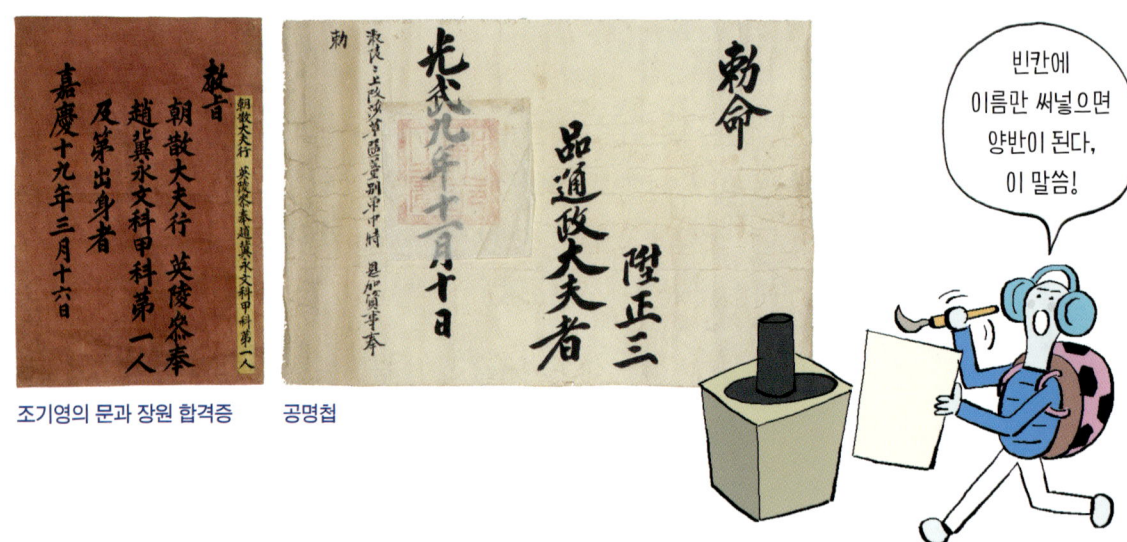

조기영의 문과 장원 합격증   공명첩

되는 신분제는 조선 사회를 떠받드는 기둥과도 같은 것이었으니까. 이 변화를 보여 주는 유물도 국립중앙박물관에 있어.

'조기영의 문과 장원 합격증'을 먼저 보자. 조선 시대의 과거 합격증은 보통 붉은 종이에 썼기 때문에 '홍패'라고 불렀어. 홍패를 받는다면 평생 가문의 영광이 되는 셈이지. 과거에 합격했으면 다음 순서는? 벼슬을 받아야지.

원래 벼슬을 받을 때는 '아무개를 어떤 벼슬에 임명한다.' 하는 내용이 적힌 문서를 받게 되어 있어. 그런데 어떤 벼슬인지는 적혀 있지만 받는 사람의 이름이 적혀 있지 않은 임명장도 있었단다. 이 문서의 이름은 '공명첩'. 빌 공(空)에 이름 명(名), 그러니까 공명첩이란 '이름 적는 데를 비워 둔 임명장'이라는 뜻이야. 나라에서 부자에게 재물을 받고 형식상의 벼슬을 주기 위해 만든 임명장이지. 돈만 내면 즉석에서 이름을 써 주기 위해 벼슬을 받는 사람의 이름이 들어갈 자리를 비워 둔 거야. 아니, 어떻게 이런 말도 안 되는 임명장이 나오게 된 것일까?

> 임진왜란과 병자호란을 겪으면서 오랫동안 버려진 농토는 황폐해져 백성들은 농사짓기가 힘들었고 살림살이는 더욱 어려워졌다. 또 농사를 짓는 땅이 있어도 나라에서 파악하지 못한 농토가 많았다. 이러한 사정으로 세금이 잘 걷히지 않게 되자 나라의 살림살이도 어렵게 되었다.

공명첩이 나온 이유는 이렇게 나라의 곳간이 텅 비었기 때문이었어. 이걸 채우기 위해서 벼슬을 팔기 시작한 거야. 그렇다고 자격도 없는 사람에게 진짜 벼슬을 주면 어떡하느냐고? 물론 이건 이름뿐인 벼슬이었어. 실제로 그 직책을 수행하는 것이 아니라, 일종의 명예직인 거지.

변화의 시작, 공명첩

그런데 사람들은 이름뿐인 벼슬이라도 상관없었어. 공명첩에 자기 이름을 써넣는 순간, 상민이든 노비든 양반 행세를 할 수 있는 마법이 일어났거든. 양반이란 원래 타고난 신분이 아니라 문반(문신)과 무반(무신)을 같이 부르는 이름이었다는 것, 기억나? 그러니 벼슬을 받는다는 것은 양반이 된다는 것을 의미했어. 예전에는 꿈도 못 꿀 일이지. 상민이나 노비가 양반이 될 수 있었던 까닭은 두

가지야. 하나는 나라 살림이 이렇게라도 하지 않고서는 유지될 수 없을 정도로 어려워졌다는 것. 또 하나는 돈을 주고 벼슬을 살 수 있을 만큼 부유한 상민과 노비가 생겨났다는 사실이야.

그런데 조금 이상하지 않아? 백성들이 나라에 세금을 못 낼 정도로 가난했다는데, 부유한 백성은 어떻게 생겨난 것일까? 바로 지난 시간에 설명한 것처럼 농업 기술이 발달했기 때문이야. 골뿌림법과 모내기법, 비료 주기 등을 통해 수확량이 늘어났을 뿐 아니라 한 사람이 지을 수 있는 농지가 넓어졌지.

그런데 한 사람이 넓은 땅을 농사짓게 되니, 경작할 땅을 얻지 못하는 농민들도 생겨나게 돼. 요즘 말로 하면 빈부 격차가 생기게 된 거야. 세금을 못 낼 정도로 가난한 농민들뿐 아니라 세금을 내고도 곳간 가득히 곡식을 쌓아 놓을 수 있는 부자 농민들도 생겨난 거지.

노비 중에서도 부자가 많아졌어. 어라, 노비도? 그래, 노비도! 노

비는 주인의 재산인데 어떻게 부자가 될 수 있었을까? 바로 이 점에서 조선 시대의 노비는 서양의 노예와는 달랐어. 조선의 노비들은 자기 재산을 가질 수 있었거든.

조선의 노비는 주인집이나 그 옆에 살면서 집안일을 하고 농사를 짓는 솔거 노비와, 주인과 멀리 떨어진 곳에 살면서 1년에 얼마씩 곡식을 바치는 외거 노비로 나뉘었어. 외거 노비는 대부분 농사를 지었는데, 이들 중 일부 노비들은 부자가 되기도 했단다. 농업 기술이 발달한 덕분이지. 심지어 주인보다 더 많은 재산을 가진 노비도 있었다는구나.

이렇게 부자가 된 상민이나 노비는 공명첩을 샀어. 그런데 공명첩을 꼭 돈으로만 산 것은 아냐. 전쟁 중에 큰 공을 세운 사람들에게도 나라에서 공명첩을 주었지. 이와 관련한 기록이 『조선왕조실록』에도 나와.

> 경상도 울산, 경주에서 백성들이 왜적을 맞아 목숨을 바쳐 싸우고 있습니다. 또 밀양에서는 박경신과 20여 명의 백성들이 싸움에서 큰 공을 세웠다고 합니다. (…) 왜적과 싸운 사람들에게는 10년간 세금을 면제해 주고 공명첩을 주어야 할 것입니다.
> 『선조실록』(선조 27년, 1594년)

양반이 밥 먹여 주나?

그런데 양반들은 이런 변화를 반대하지 않았을까? 돈이 있거나 전쟁에서 공을 세웠다고 누구나 양반이 된다면 양반 숫자가 늘어서, 결과적으로 자신들이 얻게 되는 특권이 줄어들 테니 말이야. 부유한 상민과 노비가 양반이 된 것과 반대로 가난한 양반들은 상민과 다름없는 처지에 빠지기도 했어. 한마디로 자기 코가 석 자라 남들이 양반이 되건 말건 신경 쓸 여유가 없었던 거야. 이런 상황을 잘 보여 주는 것이 조선 후기를 대표하는 학자인 박지원이 쓴 소설 『양반전』이란다. 거기에 이런 이야기가 나와.

옛날 정선 고을에 한 양반이 살았어. 그런데 이 양반은 집이 가난해서 해마다 관가에서 곡식을 빌려야 했지. 어느새 그 빚이 천 석에 이르렀는데, 도무지 빚을 갚을 길이 없는 거야. 때마침 이 소식을 들은 마을의 부자 상민이 가족을 불러 말했어.

"우리는 부자지만 상민이라 무시를 당했는데, 이번에 가난한 양반의 빚을 갚아 주고 그 대신 그의 신분을 사 버리자!"

가족들은 모두 대찬성. 그 양반한테 이야기했더니 그 또한 크게 기뻐했어. 양반이 빚을 다 갚은 것을 신기하게 여긴 군수가 그 양반의 집으로 찾아가 보니, 양반은 상민의 모자를 쓰고 상민의 옷을 입고 군수 앞에 납작 엎드리는 게 아니겠

내가 바로 『양반전』을 쓴 박지원이야. 내가 살던 조선 후기에는 양반이 된 상민도 많고, 상민과 다를 바 없는 양반도 많았단다.

박지원

어? 사정을 들은 군수가 "그렇다면 아예 문서를 만들어서 확실히 정해 놓아야 한다." 하면서 새로 양반이 된 부자 상민에게 문서를 만들어 주었어. 그런데 그 문서에는 양반으로서 지켜야 할 도리들이 빼곡히 들어 있었어.

아침 일찍 일어나 글을 읽을 것, 신발을 끌며 느릿느릿 걸을 것, 더워도 버선을 벗지 말고 추워도 화롯불을 쬐지 말 것, 어려운 글들을 깨알같이 베껴 쓸 것 등등.

김홍도의 「자리 짜기」

이걸 들은 부자 상민은 양반이 되면 좋은 점이 무엇인가 물었어.

그랬더니 군수는 양반이 되면 멋대로 주변 사람들을 괴롭힐 수 있다고 말해 주었지.

그러자 부자 상민은 "이거 완전히 도둑놈 아냐? 이런 것이 양반이라면 차라리 안 하는 것이 낫겠군!" 하고는 평생 다시는 양반이라는 말을 입에 올리지 않았단다.

어때? 재미있니? 소설 속 부자 상민은 양반이 되는 것을 포기하지만 현실은 그렇지 않았어. 양반이 되면 세금이 면제되는 등 엄청난 특혜를 받을 수 있었거든. 양반이 가난해졌다고 해서 상민이 되는 일도 없었지. 하지만 몰락한 양반의 생활은 상민과 다를 바가 없었단다. 김홍도의 「자리 짜기」라는 그림을 보면 알 수 있어. 여기 등장하는 남자는 양반이 쓰는 모자인 탕건을 썼으니 양반인 것 같은데, 상민처럼 돗자리를 짜고 있거든.

신분제 붕괴의 도미노

도미노라는 게임을 아니? 작은 나무나 플라스틱 조각들을 줄 맞춰 세워 놓고, 맨 처음 하나를 밀어서 나머지를 연달아 쓰러뜨리는 놀이지. 공명첩에서 시작한 신분 제도의 혼란은 다른 여러 부분으로까지 퍼지게 되었단다. 마치 도미노 게임처럼 사회 전반으로 확산되었던 거야.

우선 조선 후기에는 양반의 수가 크게 늘었어. 옆의 표는 대구 지역 사람들의 신분 변화를 나타낸 거야. 1690년에는 10퍼센트가 채 안 되던 양반의 비율이 170년가량 흐른 뒤에는 무려 70퍼센트에 이르게 되지. 37퍼센트 남짓이었던 천민은 겨우 1.5퍼센트로 줄어들었고, 절반이 넘었던 상민의 비율도 30퍼센트 이하로 줄어들었네.

어라? 그런데 왜 중인이 없느냐고? 오호, 좋은 질문! 이 표는 대구 지역의 호적 기록을 보고 만든 거야. 그런데 조선 시대 호적에는 양반과 중인 모두 관직을 한 경우에는 그 관직을 쓰고 그렇지 않은 경우에는 '유학'이라고 써 놓았어. 그러니까 이 표에서는 양반과 중인을 아울러 '양반'이라고 표현한 거야. 또한 이건 신분별 가구 수를 나타낸 것이라 실제 사람 수와는 좀 차이가 있어.

조선 후기 대구 지역의 신분 변화

양반이 되면 더 이상 나라에 세금을 내지 않아도 되었어. 세금을 내지 않는 양반이 늘어나자 나라에서는 세금을 걷기 위해 천민인 노비가 상민이 되도록 해 주었어. 천민은 나라에 세금을 내지 않지만 상민이 되면 세금을 내야 했거든.

그래서 양반의 수가 증가함에 따라 노비의 수는 감소했던 것이지. 이렇게 나라가 앞장서서 노비의 수를 줄였어. 예를 들면 정조가 죽고 1년 뒤인 1801년에는 국가가 소유하고 있던 노비들을 모두 해방했단다. 이건 노비들에게 자유를 주기 위해서가 아니라 그들에게 세금을 걷기 위해서였어. 물론 자유를 찾아 도망을 가는 등 노비들의 노력도 한몫을 했지만 말이야.

하지만 아무리 노비를 해방해도 세금을 내는 상민의 수는 계속 줄어들었어. 앞의 도표를 보면 절반 가까이 줄어든 것을 알 수 있지? 당연히 국가의 수입 또한 계속 줄어들었어. 나라에서는 남은 상민들한테 한 푼이라도 더 많은 세금을 걷기 위해 수단과 방법을 가리지 않았고, 견디다 못한 상민들은 고향을 떠나 이곳저곳을 떠도는 거지가 되거나 그도 아니면 다른 사람의 물건을 빼앗는 도둑이 된 거란다. 이렇게 조선을 떠받치고 있던 핵심 질서인 신분 제도가 크게 흔들리기 시작하면서 조선 사회는 큰 변화를 겪게 되었어.

양반도 양극화, 상민도 양극화

혹시 신문이나 방송에서 '양극화'라는 말을 들어 본 적이 있니? 보통 어떤 사회에서 사람들은 상류층, 중간층, 하류층 등으로 나뉘게 마련인데, 이 중에서 중간층이 거의 사라지고 일부 상류층과 대다수 하류층으로 나뉘게 되면 '양극화가 심해졌다.'라고 이야기해. 흔히 사람들은 요즘 들어 우리 사회의 양극화가 심해졌다고 이야기하지만 양극화는 조선 후기 사회에도 있었어. 아까 설명했듯이 부유한 농민들이 많은 농토를 경작하면서 반대로 농사지을 땅을 얻지 못해 거지나 도둑이 되는 사람들이 생겨났거든. 이게 바로 양극화라고 볼 수 있지.

양극화는 상민들한테만 해당되는 것은 아니었어. 조선 후기에는 양반들도 양극화가 심해졌단다. 박지원의 『양반전』에 나오는 것처럼 끼니 걱정을 해야 할 정도로 가난한 양반들은 김홍도의 그림(75쪽)에서 보듯이 궂은일을 마다하지 않고 상민처럼 일을 했어. 조선 전기에는 양반이라는 이름만으로도 먹고살 만했지만, 두 번의 전쟁을 거치면서 몰락한 양반이 생긴 거야. 나라 살림 또한 어려워져서 그 전처럼 양반들에게 충분한 혜택을 줄 수도 없었어. 그 대신 일부 양반들은 더욱더 큰 부자가 되었어. 권력을 이용해 부유한 상민들의 재산을 빼앗기도 하고, 먹고살기 힘든 상민들을 자신의 노비로 만들기도 하면서 어마어마한 부자가 되었던 거야. 지난번에 이야기한 것처럼 조선 후기에 들어오

장사가 잘되면 양반도 부럽지 않다는 말씀~

면서 당쟁(붕당 정치)이 더욱 치열해진 것도 이런 양극화와 연관이 있어. 조선 전기에는 양반이라면 다들 어느 정도 이상은 잘 먹고 잘 살았는데 이제는 자칫 잘못하면 상민처럼 될 수도 있고, 잘하면 더 큰 부자가 될 수도 있게 된 거야. 그러니 권력을 둘러싼 당파 싸움이 더욱 치열해질 수밖에. 이렇게 신분제가 흔들리고 양극화가 심해지니 사회는 혼란에 빠지고, 농민들은 반란을 일으키기도 했어. 더불어 이를 해결하려는 새로운 움직임이 나타나기도 했단다.

조선 후기 신분 제도의 변화에 대한 다음 설명 중 틀린 것은?

① 노비도 공명첩을 사서 양반이 될 수 있었다.
② 상민과 다름없이 생활하는 양반도 생겼다.
③ 신분 제도에 변화가 생기면서 양반뿐 아니라 노비도 늘어났다.

정답 | ③번. 조선 후기에 들어서 노비의 수는 크게 줄어들었어.

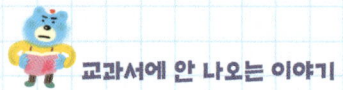 교과서에 안 나오는 이야기

가상 독자 투고! 시골 선비의 과거 응시기

조선 후기의 변화가 모두 좋거나 바람직한 것은 아니었어. 특히 과거 시험은 부정행위가 노골적으로 벌어지는 아수라장으로 변했지. 이 당시 과거 시험에 응시했다가 딱한 일을 겪은 시골 선비 김○○ 씨가 자신의 경험담을 『재미있다! 한국사』에 보내왔어.

저는 경상북도 안동의 ○○마을에 사는 김○○올시다. 지난달에 과거를 보러 한양에 갔다가 답안은 내지도 못하고 쫓기듯 시험장을 나와야 했습니다. 아무리 임진왜란과 병자호란 이후에 과거 시험이 엉망이 되었다지만 이건 정말 아니다 싶어 몇 자 적습니다. 과거 당일 저는 아침 일찍 시험장에 갔으나 이미 그곳은 발 디딜 틈 없이 사람으로 가득했습니다. 얘기를 들어 보니 어제 밤새 줄을 서 있었답니다. 그런데 놀라운 것은 많은 선비들이 혼자 온 것이 아니라 무리를 지어 와서는 자리를 잡았다는 사실입니다. 그중 우락부락해 보이는 사내를 '선접꾼'이라 하는데, 이 사람이 몸싸움을 벌여 좋은 자리를 맡는답니다.

좋은 자리란 매달아 놓은 시험 문제가 잘 보이는 곳이고요. 이날 과거에 몰린 사람이 아주 벌 떼 같아서 저는 과거 문제를 보고 제 자리로 오는 데만 한참을 보내야 했습니다. 앞자리 사람들은 답안지를 제출하는 것도 유리했지요. 시험장에는 시험관들이 먼저 낸 답안 몇 장만 읽어 보고 합격자를 결정한다는 소문이 파다했습니다. 하루 만에 채점을 하고 합격자를 발표해야 했으니 당연한 일이었습니다. 그래서 앞자리를 맡기 위해 선접꾼끼리 싸움을 하다 죽는 일도 있다고 합니다.
더 기가 막힌 것은 선접꾼과 함께 답안지를 대신 작성해 주는 사람까지도 버젓이 자리를 잡고 있다는 사

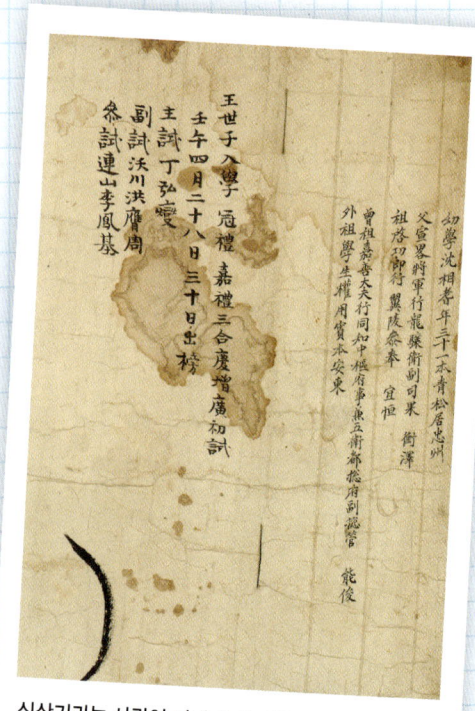
심상기라는 사람이 써낸 과거 시험 답안지

실입니다. 부유한 선비는 글을 짓는 사람에다 글씨를 써 주는 사람까지 두 사람을 고용한다고 하더군요. 일부 고위층들은 이미 시험관들을 매수해 합격을 따 놓았다는 것도 공공연한 비밀이었습니다. 저희 마을에서도 이런 소문을 들었지만 설마 했습니다. 하지만 실제 이런 광경을 보고는 한양까지 온 것을 후회했습니다. 저는 겨우 답안을 적었지만 제 앞에 이미 수천 명이 줄을 서 있어, 답안을 낼 엄두도 못 내고 시험장을 빠져나왔습니다. 아무리 왜란과 호란 이후에 모든 질서가 무너졌다지만 과거 시험까지 이래서야 되겠습니까? 조정에서는 하루빨리 대책을 세워야 할 것입니다.

이래서야 몇 년 동안이나 열심히 한 공부가 말짱 헛일이 되고 말겠네. 억울해라~

김홍도의 「평생도」 중 '소과 응시'

1724년 ─● 영조가 왕위에 오르다

1752년 ─● 균역법을 실시하다

1762년 ─● 사도 세자가 뒤주에서 죽다

1776년 ─● 정조가 왕위에 오르다
1784년 ─● 이승훈이 조선에 천주교를 소개하다

1796년 ─● 수원 화성이 완성되다
1800년 ─● 순조가 왕위에 오르며
60여 년간의 세도 정치가 시작되다

1811년 ─● 홍경래가 난을 일으키다

1860년 ─● 최제우가 동학을 창시하다
1861년 ─● 김정호가 「대동여지도」를 완성하다

2부

새로운 문물, 새로운 학문, 새로운 사상

5교시 │ 서양 문물, 조선 사람의 생각을 바꾸다 _ 실학박물관

6교시 │ 실생활에 도움을 주는 학문, 실학 _ 실학박물관, 다산유적지

7교시 │ 조선의 르네상스, 영정조 시대의 발전 _ 창경궁

8교시 │ 서학의 전래, 동학의 탄생 _ 절두산 순교성지

5교시
서양 문물, 조선 사람의 생각을 바꾸다

> 조선 후기에는 사회뿐 아니라 사람들의 생각도 변했어. 중국을 통해 전래된 서양 문물의 영향이 컸지. 당시 중국의 수도인 연경(베이징)에는 서양의 선교사들과 상인들이 드나들었거든. 중국에 갔던 조선의 사신들은 신기한 서양의 물건들과 중국어로 번역된 서양의 과학 기술 서적을 가지고 돌아왔단다.

오늘은 오래간만에 서울을 벗어났네? 경기도 남양주시에 있는 실학박물관으로 왔으니 말이야. 여기는 조선 후기에 새롭게 등장한 학문인 실학에 대한 모든 것을 알려 주는 곳이야. 또한 실학에 영향을 주었던 서양 문물의 전래 과정을 한눈에 볼 수 있지. 오늘 수업 시간에는 서양 문물이 조선에 들어오게 된 과정과 그 영향에 대해서 알아볼 거야.

먼저 옆에 있는 천리경과 자명종을 볼까? 이것들을 1631년 명나라에서 가지고 온 거야. 조선에 들어온 대표적 서양 문물들이지. 그런데 천리경이 뭐냐고? '천리 밖을 볼 수 있는 거울'이라는 뜻이지. 동화에 나오는 마법의 거울 같지? 그런데 이건 거울이 아니라 조선 시대에 망원경을 부르던 이름이란다. 망원경만 있으면 아주 먼 곳까지 볼 수 있으니 이런 이름이 붙은 거야. 자명종은 '스스로 시간을 알려 주는 시계'라는 뜻이야. 정해진 시각이 되면 소리를 내어 시각을 알려 주었던 거야. 조선 전기에 자명종의 역할을 했던 자격루는 집채만 한 크기였어. 그러니 천리경과 자그만한 자명종을 처음 본 조선 사람들은 입이 딱 벌어질 수밖에.

목숨 걸고 가져온 천리경과 자명종

실학박물관에 들어서니 중국식 옷을 입고 있는 서양 사람이 보이네. 이 사람이 중국에서 활동한 서양 선교사 중 가장 유명한 마테오 리치야. 이탈리아 선교사인 마테오 리치가 연경에 살게 된 것은 1601년, 임진왜란이 끝나고 딱 3년이 지난 뒤였어. 이때 리치가 가지고 간 자명종이 명나라 황제의 마음에 들어서 그가 수도인 연경에 자리를 잡을 수 있었다는군.

내 덕분에 서양 문물이 조선까지 가게 된 거야.

리치는 서양의 과학 기술을 중국에 알렸을 뿐 아니라 원래 목적인 기독교 전파에도 열심이었어. 그는 중국어를 아주 잘했고, 유학에도 조예가 깊었기 때문에 명나라 관리들과 쉽게 친해질 수 있었대. 중국의 유학자처럼 옷을 입고 중국어로 유교 경전들을 자유자재로 인용하면서 기독교를 전하니 중국 사람들도 쉽게 받아들일 수 있었던 거야. 마테오 리치 이후로 서양의 선

마테오 리치

교사들은 청나라 관리들과도 친분을 유지했고, 덕분에 조선 사신들도 청나라 관리들을 통해 서양 선교사들을 만나 볼 수 있었어. 그리하여 이들한테서 서양 문물들을 받아 올 수 있었던 거야. 이즈음에는 병자호란으로 주춤했던 사신 교류가 다시 활발하게 이루어졌거든.

조선은 주변 나라들과 다시 활발하게 교류하였다. 청에는 연행사를 보냈고, 일본에는 통신사를 보냈다. 조선 후기에는 청과의 교류가 더욱 활발해져 거의 매년 두세 차례 연행사가 파견되었다.

「명나라로 가는 바닷길」이라는 제목의 그림을 보자. 이건 1624년 명나라로 파견된 사신 일행의 행차 길을 담은 그림이야. 바다를 통해 중국으로 가는 모습이지. 이 당시 중국으로 가는 바닷길은 무척

명나라로 가는 바닷길

위험했다는구나. 지금처럼 항해술이 발달한 것도, 배가 튼튼한 것도 아니었거든. 그래서 중국으로 가는 사신들은 미리 가족들에게 유언을 남기기도 했대. 천신만고 끝에 무사히 중국에 도착해서 임무를 잘 수행했어도 돌아오는 길 또한 위험하기는 마찬가지였어. 천리경과 자명종 같은 서양 문물들은 이렇게 목숨을 건 사신들의 활동을 통해서 조선으로 들어오게 된 거야.

서양의 종교 개혁과 선교사 파견

기독교 선교사들이 중국까지 오게 된 것은 종교 개혁의 영향 때문이기도 해. 종교 개혁이란 중세의 서양 세계를 지배하던 로마 가톨릭에 반대해서 일어난 개혁 운동이야. 1517년 마르틴 루터가 '면벌부' 판매를 공격하면서 시작되었지. 이 당시 로마 가톨릭은 돈만 내면 죽은 뒤의 형벌을 면하게 해 준다는 면벌부를 팔았거든. 이런 문제를 지적하면서 개신교가 등장하자, 가톨릭은 약해진 세력을 키우기 위해 새로운 지역으로 선교사들을 한꺼번에 많이 파견하게 된단다. 그래서 중국에도 많은 선교사들이 오게 된 거야.

중국은 세상의 중심이 아니었다!

여기서 질문 하나. 사신들이 가져온 서양 문물 중에서 당시 조선 사회에 가장 충격을 주었던 것은 무엇이었을까? 앉은 자리에서 천 리 밖을 볼 수 있다는 천리경? 해시계나 물시계보다 훨씬 편리한 자명종? 모두 아니야. 중국을 통해 들어온 서양 문물 중에서 가장

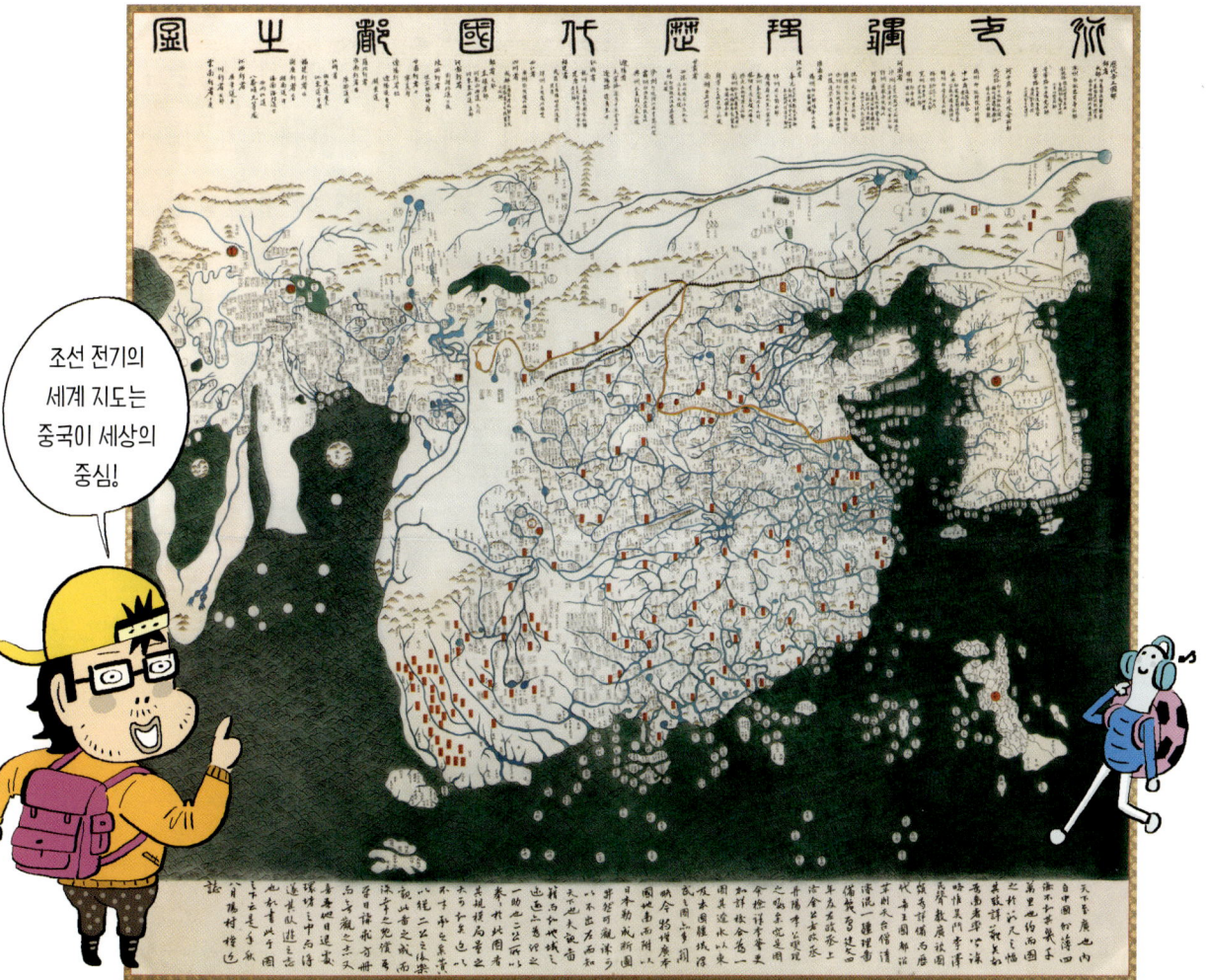

조선 전기의 세계 지도는 중국이 세상의 중심!

혼일강리역대국도지도

충격적이었던 것은 세계 지도였어. 왜냐고? 그때까지 조선 사람들은 중국이 세계의 중심이고 가장 큰 나라라고 알고 있었거든. 그런데 중국에서 가져온 세계 지도를 보니 중국보다 더 큰 세계가 있었던 거야. 한마디로 그때까지 지니고 있던 세계관이 무너진 거지. 이건 조선 전기의 세계 지도와 조선 후기의 세계 지도를 비교해 보면 확실히 알 수 있어.

먼저 조선 전기의 세계 지도를 한번 볼까? 앞서 나온 「혼일강리역대국도지도」를 살펴보자. 이 지도는 조선이 건국하고 10년이 지난 1402년(태종 2년) 우리나라에서 만든 세계 지도야. 당시 중국에서 만든 「혼일강리도」라는 지도를 참고해서 만들었다고 해. 「혼일강리역대국도지도」는 우리나라뿐 아니라 아시아

> 조선 후기의 세계 지도에는 중국보다 더 큰 세계가 있다!

신곤여만국전도

에서도 가장 오래된 세계 지도 중 하나지. 아쉽게도 원본은 일본에 있고 우리나라에는 복사본밖에 없어.

「혼일강리역대국도지도」의 가장 큰 특징이 뭘까? 중국이 세계의 중심이라는 것! 세계 지도답게 중국뿐 아니라 조선과 일본, 유럽과 아프리카, 인도와 동남아시아까지 그렸지만, 중국과 조선을 빼고는 현실과 거리가 멀어 보여. 유럽과 아프리카는 조선보다 작게 그려졌고, 인도와 동남아시아는 중국의 일부로 표현되었네. 일본조차 위치와 크기가 실제랑 많이 다르고. 지금 봐서는 엉터리 지도처럼 보이기도 하지만, 이 지도가 만들어진 것이 600여 년 전이라는 걸 고려해야 해. 당시에 중국뿐 아니라 유럽과 아프리카까지 표시한 세계 지도는 아주 드물었거든. 또한 이 지도는 당시 조선 사람들이 세계를 어떻게 파악했는지 알 수 있는 아주 귀한 자료야.

다음으로 조선 후기에 만들어진 세계 지도인 「곤여만국전도」를 살펴보자. 이 지도는 마테오 리치가 만든 「곤여만국전도」를 중국에서 들여와서 조선에서 자체 제작한 지도야. 마테오 리치가 중국에서 「곤여만국전도」를 만든 것은 1602년이고, 바로 다음 해인 1603년(선조 36년)에 조선으로 전해졌어. 그리고 100년 남짓 지난

1708년(숙종 34년)에 조선에서 자체적으로「곤여만국전도」를 만든 거란다. 실학박물관에서는「곤여만국전도」를 새롭게 복원한「신곤여만국전도」를 볼 수 있어. 우선 눈에 띄는 것은「혼일강리역대국도지도」에 비해 중국의 크기가 아주 작아졌다는 것! 비록 여전히 중국이 지도 가운데에 있지만, 이제 중국은 세상의 일부에 불과해. 그보다 훨씬 더 큰 지역들이 여럿 있으니까 말이야. 남극 대륙이 너무 크게 그려진 것을 빼면 요즘의 세계 지도와도 별반 차이가 없군.

조선 후기의 서양 문물 도입에 대한 설명 중 사실과 다른 것은?

① 서양 문물은 주로 중국을 통해서 들어왔다.
② 서양에서 만든 세계 지도는 중국이 세계의 중심이라는 조선 사람들의 세계관을 무너뜨렸다.
③ 조선의 연행사는 1년에 두세 차례 중국을 오가면서 서양 문물을 들여왔다.
④ 숙종 때 제작된「곤여만국전도」는 조선 최초의 세계 지도이다.

정답 | ④번. 조선 최초의 세계 지도는 조선 태종 때 만든「혼일강리역대국도지도」야.

네덜란드 사람 하멜, 조선에 표류하다

이런 세계 지도를 보게 된 조선 사람들은 어떤 생각을 하게 되었을까?

 서양 문물은 중국을 세계의 중심으로 생각하던 조선 사람들의 생각을 바꾸기 시작하였다. 사람들은 중국보다 넓은 세계가 있다는 사실을 깨닫게 되어 실용적인 학문에 대한 관심이 높아졌다.

그래서 태어난 것이 '실학'이야. 실생활과는 별로 상관없는 학문이었던 성리학과는 달리 실제 사물의 이치를 탐구하는 학문인 실학이야말로 실용적인 학문이었지. 여기에 서양의 과학 기술이 영향을 준 것은 당연한 일이었어. 실학에 대해서는 다음 시간에 자세히 알아보기로 하고, 이번 시간에는 조선에 전래된 서양 문물과 함께 당시 서양 사람들이 본 조선의 모습에 대해서 좀 더 살펴보기로 하자.

조선이라는 나라의 모습을 세계에 알린 것은 『하멜 표류기』였어. 하멜은 17세기 중엽 조선에 들어왔던 네덜란드 사람이야. 1653년(효종 4년) 하멜은 회사 동료들과 함께 배(스페르웨르호)를 타고 일본으로 가다가 태풍을 만나 표류하던 중 제주도에 닿았지. 이 당시 일본은 조선처럼 서양과의 교류를 금지했는데, 네덜란드와는 교류를 허용했어. 당시 네덜란드는 작은 나라였지만 막강한 해군력을 바탕으로 전 세계를 누비면서 무역을 하고 있었거든. 그래서 네덜란드와 일본을 오가는 배들이 많았고, 하멜이 탔던 배도 그중 하나였어.

제주도 사람들은 바닷가에 표류한 하멜 일행을 보고 깜짝 놀라서 고을 사또에게 신고를 했어. 사또는 이들을 잡아서 한양으로 보냈단다. 우선 이들이 조선에 온 이유를 정확히 조사할 필요가 있었거든. 당시 풍랑을 만나 제주도에 표류하게 된 네덜란드 사람들은 하멜을 포함해 모두 36명이었어. 이들은 네덜란드 동인도 회사 소속이었지. 이들은 조선에 13년(1653~66년) 동안 억류되어 있었는데, 제주도에서 한양으로, 다시 강진으로 이리저리 옮겨 다니며 살았어. 하멜 일행은 마지막 정착지였던 여수에서 일본으로 탈출하는 데 성공했고, 일본에서 1년을 머무르는 동안 자신들의 조선 생활에 대한 보고서를 작성한 것이 바로 『하멜 표류기』야. 회사로부터 13년 동안 밀린 임금을 받기 위해서는 그동안 자신들이 어떤 일을 했는가

제주도에 난파한 스페르웨르호

효종에게 인사드리는 하멜 일행

『하멜 표류기』에 실린 삽화

에 대한 보고서가 필요했거든. 당시 하멜의 직책이 서기였기 때문에 다른 사람들을 대표해서 보고서를 작성한 거야. 그래서 『하멜 표류기』에는 조선에서 그들이 겪은 일과 보고 들은 풍속이 매우 자세하게 담겨 있는 거란다.

『하멜 표류기』에 담겨 있는 350여 년 전 조선의 모습은 어떨까? 우선 하멜은 조선 사람들이 보여 준 따뜻한 우정과 인정에 고마워했어. 조선 정부는 이들을 억류하고 때로는 힘든 일을 시키기도 했지만, 이들이 머물렀던 지역의 사람들은 어려울 때마다 도와주었대. 또 조선에는 '방바닥 아래 오븐 같은 것이 있어서 겨울에는 불을 때어 따뜻하게 했다.'라고 적고 있어. 아마 우리 전통 온돌을 말하는 것 같아. 또한 '양반뿐 아니라 평민도 교육열이 높아 아이들은 밤낮없이 앉아서 글을 읽었다.'라고도 썼어.

『하멜 표류기』는 1668년 네덜란드뿐 아니라 영국, 프랑스, 독일 등에서도 출판되었어. 당시 유럽 사람들은 동양의 신비한 나라 조선에 대한 관심이 높았거든. 그런데 출판 과정에서 원래 원고에는 없던 내용들이 추가되기도 했대. '조선에는 악어가 많고, 그들은 사람 고기를 즐겨 먹는다.' 하는 등의 허황된 내용이 말이야. 『하멜 표류기』에 담긴 삽화를 보면 조선의 왕이나 백성들이 마치 유럽 사람들처럼 그려져 있기도 해.

이렇게 조선은 중국을 통해 서양의 문물을 받아들이고, 하멜 등을 통해 서양에 알려지기도 했어. 이제부터 한반도는 중국과 일본뿐 아니라 서양 등과도 영향을 주고받기 시작한 거야.

동인도 대 서인도

동인도 회사는 17세기 서양에서 인도를 비롯한 아시아와의 무역을 담당하기 위해 세워진 회사였어. 영국을 시작으로 네덜란드와 덴마크 등에 같은 이름의 회사가 세워졌지. 그런데 왜 동인도일까? 그렇다면 서인도도 있는 걸까? 여기에는 사연이 있어. 신대륙을 처음 찾은 콜럼버스가 그곳을 인도라고 생각했거든. 사실은 인도랑은 전혀 상관없는 중앙아메리카의 카리브 해 지역이었는데 말이야. 어쨌든 콜럼버스가 그곳을 인도라고 불렀기 때문에, 이후 서양 사람들은 카리브 해 연안을 서인도, 원래 인도를 동인도라고 불렀대.

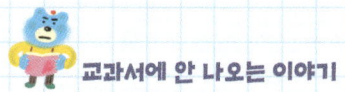 교과서에 안 나오는 이야기

조선을 선택한 외국인들

제주도에서 붙잡혀 한양으로 끌려간 하멜은 깜짝 놀랐어. 자신을 신문하러 온 관리가 자기와 같은 네덜란드 사람이었기 때문이야. 그의 이름은 벨테브레이. 하멜처럼 표류하다가 1628년에 조선에 들어와 살고 있었어. 이름도 박연으로 바꾸고 말이야. 이렇게 조선에 살게 된 외국인들은 또 누가 있을까?

이성계의 오른팔
이지란(1331~1402)

출신: 원나라(여진족)
본명: 퉁쿠룬투란티무르

여진족의 금나라가 망한 뒤에 태어나, 원나라의 관리가 되었다. 고려 공민왕 때 귀화한 뒤 우연히 이성계와 만나 의형제를 맺고 조선을 세우는 데 큰 공을 세웠다. 조선의 개국 공신이 되어 72세의 나이로 조선 땅에서 눈을 감았다.

조선을 사랑한 사무라이
김충선(1571~?)

출신: 일본
본명: 사야가

임진왜란 때 가토 기요마사 부대의 장군으로 왔다가 스스로 조선에 귀순했다. 이후 조선의 장수가 되어 군대를 이끌고 임진왜란뿐 아니라 병자호란 때도 큰 공을 세웠다. 벼슬에서 물러난 후 제2의 고향인 조선 땅에서 눈을 감았다.

명나라 장수의 손자
가침(?~?)

출신: 명나라
본명: 가침

명나라 장군인 할아버지 가유약, 아버지 가상과 함께 정유재란 때 조선으로 왔다. 할아버지와 아버지 모두 일본군과 싸우다 전사하자, 명나라로 돌아가지 않고 조선 땅에 남았다. 이후 조선 여성과 결혼해 충청도에 정착했다.

조선인이 된 최초의 서양인
박연(1595~?)

출신: 네덜란드
본명: 벨테브레이

일본을 향해 가던 중 풍랑을 만나 제주도에 표류하게 되었다. 이후 한양으로 와 훈련도감에서 서양식 화포를 만들고 쓰는 법을 가르치다가 임금(인조)으로부터 '박연'이라는 이름을 받고 조선의 백성이 되었다.

6교시 실생활에 도움을 주는 학문, **실학**

실학박물관, 다산유적지

> 서양 과학 기술을 접한 조선의 학자들은 실학을 탄생시켰어. 실학이라……. 이름부터 뭔가 실생활과 연관되는 느낌이 확 들지? 실제로도 그래. 조선 후기 실학자들은 백성들의 생활에 도움을 주는 학문을 연구했거든. 농업과 상업, 역사와 과학 기술에 이르기까지 실학자들은 다양한 분야에서 새로운 학문을 발전시켜 나갔단다.

서양 문물의 전래에 대해 알아보기 위해 지난 시간에 왔던 실학 박물관. 오늘은 이곳을 제대로 둘러볼 거야. 지난 시간이 몸 풀기였다면 이번 시간에 살펴볼 실학은 본 게임이라고 할 수 있지. 서양 문물의 자극을 받은 조선의 학자들이 만들어 낸 것이 바로 실학이거든.

📖 당시의 학문은 실생활과는 거리가 멀어 백성의 어려움을 해결하는 데 도움을 줄 수 없다는 사실을 깨닫게 되었다. 새로운 문물을 받아들이면서 실용적인 학문 연구의 필요성을 깨달은 학자들은 현실의 여러 가지 문제점을 해결하고 실생활에 도움이 될 수 있는 학문을 연구하였는데 이를 실학이라고 한다.

여기서 말하는 '당시의 학문'이란 유학, 그중에서도 성리학이야. 예전에 고려 말, 신진 사대부에 의해 성리학이 도입되었다고 했던 것 기억나? 안향이 처음 중국에서 조선으로 들여온 학문인데, '명분과 의리'를 중요시했지. 신진 사대부들은 성리학을 무기 삼아 부패한 권문세족을 공격할 수 있었고 말이야. 하지만 성리학은 백성들의 실생활과는 거리가 멀었어. '어떻게 해야 바르게 살 수 있는가?'에 대해서는 열심히 연구했지만, '어떻게 해야 잘 먹고 잘 살 수 있는가?'에 대해서는 별 관심이 없었거든. 예를 들어 왕비가 얼마 동안 상복을 입을 것이냐를 두고 피 터지게 싸웠던 예송 논쟁이 대표적이지. 이건 백성들의 생활과 전혀 관계가 없었지만 성리학자들에게는 목숨이 걸린 문제였으니까.

그렇다면 실학은 실생활에 어떻게, 또 얼마나 도움을 주었을까? 이것을 보여 주는 유물이 실학박물관으로 들어가는 길에 자리잡고 있어. 실학의 대표 선수인 다산 정약용이 만든 거중기. 그는 이걸 이용해 화성을 만들며 공사 기간을 획기적으로 단축했단다.

그렇다고 '성리학은 나쁜 학문, 실학은 좋은 학문' 하는 식으로 단순하게 생각하면 안 돼. 바르게 사는 것 또한 아주 중요한 일이니까. 다만 오로지 그것만 생각했으니 문제였던 거야. 더구나 임진왜란과 병자호란 이후로 백성들의 생활은 아주 어려워졌거든. 그래서 성리학자 중 일부가 실용적인 학문을 연구하기 시작했고, 실학이 나타나게 되었던 거야. 자, 그럼 지금부터 실학박물관 견학을 본격적으로 시작해 볼까?

화성 공사비 절감의 1등 공신!

거중기

실학, 태어나다

거중기를 지나 실학박물관 안으로 들어서니 전시관 입구에 있는 수레가 제일 먼저 눈에 띄어. 왜 하필 수레냐고? 수레는 실학자들 중에서도 중국(청나라)의 앞선 문물을 받아들여야 한다고 주장한 북학파들의 상징적인 물건이거든. 병자호란이 끝나고 청나라를 정벌해야 한다는 북벌론과 청나라의 발전을 배워야 한다는 북학론이 대립했다고 했었지. 북학론을 주장했던 학자들을 북학파라고도 부르는데, 이들 또한 실학자였단다. 수레가 편리하다면 우리도 만들어 쓰면 되지, 뭐 대단한 것이냐고? 그게 그렇지 않아. 수레를 쓰기 위해서는 우선 길이 잘 닦여 있어야 하고, 수레로 날라야 하는 물건들이 많아야 해. 한마디로 수레를 도입하기 위해서는 먼저 상업과

수레

유통업이 발달해야 한다는 이야기지.

수레를 지나면 나오는 첫 전시관의 주제는 '실학의 형성'이야. 실학이 태어난 배경을 주로 다루고 있는 공간이지. 여기에는 지난 시간에 보았던 마테오 리치의 초상화와 천리경, 자명종 등이 전시되어 있어. 맞은편에는 김육과 이이명의 초상화가 보이네. 김육이라, 어디서 들어 본 이름이지? 맞아. 대동법 시행을 강력하게 주장했던 사람이야. 그런데 김육은 대동법뿐 아니라 시헌력(중국에서 선교 활동을 한 서양 신부 아담 샬이 명나라 초기에 편찬한 역법)을 써야 한다고 주장했단다. 시헌력은 동양의 전통적인 태음력에다 서양의 태양력을 더해서 만든 날짜 계산법이야. 이걸 쓰면 농사에 필수적인 24절기를 더 정확하게 정할 수 있었어.

숙종 때 주로 활동했던 이이명은 서양의 과학에 관심이 깊었던 학자야. 사신으로 연경에 갔다가 만난 서양 선교사와 서양의 천문학에 대해 토론하고 서학(서양의 학문)에 대한 책들을 조선에 가져왔지. 마테오 리치가 서양의 과학 기술을 중국에 소개한 사람이라면, 김육과 이이명은 중국을 통해 서양의 과학 기술을 받아들인 사람들이라고 할 수 있겠네.

농업이냐, 상업이냐?

'실학의 전개' 전시관에는 주로 실학자들이 지은 책을 전시하고 있어.

『반계수록』은 조선 후기의 실학자 유형원의 대표작이야. 유형원은 이 책을 통해 토지 제도를 개혁해야 한다고 주장했어. 당시 부자는 한없이 넓은 토지를 가지고 있고, 가난한 사람은 송곳 꽂을 땅도 없었거든. 게다가 모내기법 등 새로운 농사 기술이 발달하면서 부자는 더욱 부유해지고, 가난한 사람은 더욱 가난해졌어. 농사 기술이 발달하니 한 사람이 경작할 수 있는 땅이 늘어났고, 따라서 부자들은 더욱 많은 땅을 가질 수 있게 되었으니까.

어디서 들은 이야기 같다고? 4교시 때 조선 후기 사회의 변화를 설명하면서 했던 이야기야. 이런 현실을 본 유형원은 가난한 농민

재물을 쓰면 쓸수록 잘살게 된다니까 그러네~

박제가

들에게 땅을 나눠 주어야 한다고 생각했고, 그 내용을 『반계수록』에 담았던 거야. 유형원의 뒤를 이어 이익과 정약용 같은 실학자들도 토지와 농업 문제를 해결하는 것이 중요하다고 주장했어.

이처럼 농업을 개혁해야 한다는 실학자들이 있었는가 하면, 상공업을 발달시켜야 한다고 주장했던 실학자들도 있었어. 박제가 같은 이가 대표적인 인물이지.

📖 사신을 따라 청에 간 박제가는 새로운 문물을 구경하고 청의 학자들과 교류하였다. 박제가는 중국에서 받아들여야 할 내용을 모아 『북학의』로 엮었다. 그는 이 책에서 수레, 벽돌, 수차, 기와 등을 도입하고 적극적으로 다른 나라와 무역을 하여 조선을 부강한 나라로 만들어야 한다고 주장하였다.

『북학의』에는 "재물은 샘과 같은 것이다. 퍼서 쓰면 차고, 버려두면 말라 버린다."라는 말이 나와. 이건 '바르게 살기'를 강조하며 검소함을 미덕으로 삼았던 성리학과는 완전히 반대되는 이야기네. 박제가처럼 사신을 따라 청나라에 다녀온 박지원은 그곳에서 본 새로운 문물들을 꼼꼼히 기록한 『열하일기』를 남겼어. 실학자 중에서 박제가, 박지원 등은 청나라의 앞선 문물을 받아들여야 한다고 주장해서 '북학파'라고 불리기도 해. 아까 수레를 도입해야 한다고 주장했던 북학파가 바로 이 사람들이야.

다시 보자, 우리 것

정조 때 유득공이 쓴 『발해고』는 제목 그대로 발해의 역사에 대해 쓴 것인데, 발해의 역사만으로 한 권의 책을 쓴 것은 한국·중국·일본을 통틀어 『발해고』가 최초였단다. 여기서 유득공은 발해가 고구려 후손들이 세운 나라임을 분명히 밝혔어. 이건 무엇을 뜻할까? 발해 또한 우리 역사의 일부분이라는 사실! 실학자들 중에는 이렇게 우리 역사나 지리, 한글, 자연 등을 연구한 사람들도 많았어.

『해동역사』는 단군 조선에서 고려까지의 시기를 다룬 역사책이야. 그 옆으로는 「대동여지도」를 만든 김정호가 지은 『대동지지』라는 책이 보이네. 조선의 지리는 물론 중국과 일본으로 가는 길까지 꼼꼼하게 기록한 지리책이지. 『대동지지』 옆에 놓인 『언문지』는 한글의 우수성을 강조했고, 이어지는 『산림경제』를 보면 당시의 농사와 농촌 생활에 대해 자세히 알 수 있어. 책들이 한꺼번에 너무 많이 나와서 헷갈린다고? 책 제목만 보면 내용을 미루어 짐작할 수 있으니 그렇게 어렵지 않아. 『발해고』야 발해라는 단어가 나오니까 쉽고, '해동'은 '동국'과 함께 우리나라를 가리키는 말이니 『해동

역사』는 '한국 역사'라는 뜻이지.『대동지지』는「대동여지도」를 떠올리면 되고, '언문'은 한글의 다른 이름이니『언문지』는 한글 연구서이고, '산림'이란 '산과 숲'을 뜻하니『산림경제』는 조선의 농촌과 농업을 다룬 책이라는 걸 쉽게 알 수 있잖아? 그래도 어렵다고? 그럼 뭐 그런 책들이 있었구나, 하고 넘어가도 상관없어. 중요한 건 책 제목이 아니라 실학자들이 추구한 정신이니까 말이야.

'실학의 전개' 전시관을 빠져나오면 마지막으로 '실학과 과학'이라는 전시관이 나와. 이곳에는 보기만 해도 재미난 유물들이 많은데, 우선 눈에 띄는 것은 북학파의 뒤를 이은 박규수가 만든 '간평의'야. 태양의 위치를 계산하여 해 뜨는 시간과 해 지는 시간, 낮과 밤의 길이 변화 등을 측정할 수 있는 천문 관측기구지. 특이한 것은 혼천의 등 대부분의 천문 도구들과는 달리 평면이라는 점.

간평의

　이처럼 실학자들은 일찍부터 별과 지구의 움직임을 연구하기도 했어. 북학파의 한 사람인 홍대용은 지구가 태양을 중심으로 돈다는 지동설을 주장하면서 '지구가 우주의 중심이 아니듯, 중국이 세계의 중심이 아니다.'라고 말했지. 또한 지난번에 자세히 살펴본 「신곤여만국전도」도 이 전시관에 있어. 이 지도 역시 중국 중심의 세계관을 무너뜨리는 데 큰 역할을 했다는 설명, 기억하지?

　'실학과 과학' 전시관의 마지막을 장식하고 있는 유물은 김정호의 「대동여지도」야. 목판으로 제작된 「대동여지도」는 우리나라 전국 지도로, 산과 강, 도로 등을 자세히 나타내었어. 백성들이 실제 생활에 이용할 수 있도록 말이야. 이건 오늘날의 지도와 비교해도

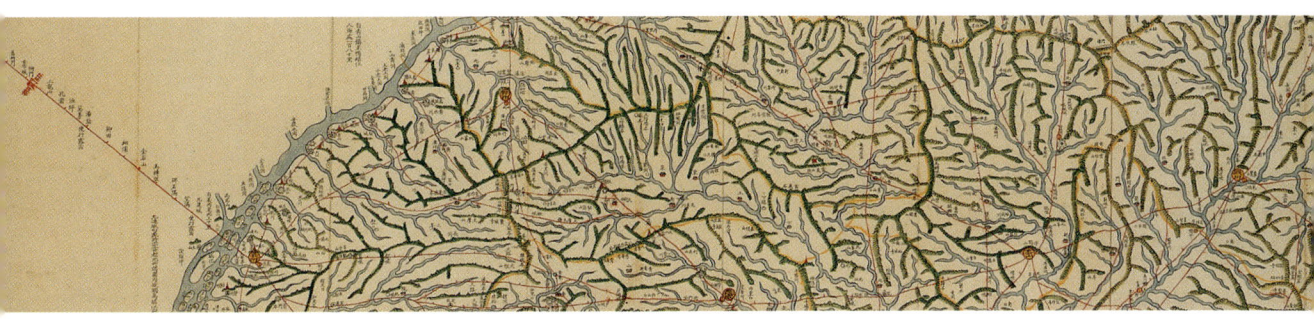

확대해서 본 대동여지도

큰 차이가 없을 만큼 정확해.

여기서 잠깐, 이때 이미 조선에서는 상당한 수준의 지도들이 제작되고 있었어. 영조 때 정상기가 만든 「동국대지도」를 봐도 알 수 있단다. 「대동여지도」보다 120여 년 전에 만들어진 「동국대지도」 또한 「대동여지도」에 버금갈 정도로 정확하거든. 그러니 김정호는 기존의 자료를 이용해서 이렇게 더 정확한 지도를 만들 수 있었을 거야.

 **구쌤의 한마디** 　**그래도 지구는 돈다!**

> 갈릴레오 갈릴레이(1564~1642)라는 이탈리아 과학자를 아니? 지동설을 주장하다가 종교 재판을 받고 나오는 길에 '그래도 지구는 돈다.'라고 중얼거렸다는 사람. 중세 서양을 지배한 교회의 공식 입장은 태양이 지구를 돈다는 천동설이었거든. 서양에서 지동설을 처음 주장한 것은 갈릴레이보다 100년쯤 전에 태어난 폴란드의 천문학자 코페르니쿠스(1473~1543)야. 그가 별들의 움직임을 관측한 결과, 지구가 태양을 돈다는 사실을 처음으로 발견했단다. 지동설이 조선에 들어온 것은 코페르니쿠스의 발견(1543년 무렵)으로부터 약 150년 뒤의 일이야.

◀ 대동여지도

실학의 대가, 다산 정약용

「대동여지도」를 마지막으로 실학박물관은 모두 둘러보았어. 그러면 수업 끝? 아니, 아직 더 봐야 할 곳이 남아 있어. 다산 정약용의 생가와 무덤, 다산기념관 등이 있는 다산유적지. 정약용은 가장 유명한 실학자거든. 다산유적지는 실학박물관에서 길 하나만 건너면 있으니 부담 없이 둘러볼 수 있지.

 조선을 대표하는 실학자인 정약용은 오랜 유배 생활 중에도 실학에 대한 연구를 계속하여 500여 권에 이르는 책을 남겼다. 정약용은 백성을 위한 정치뿐만 아니라 과학 기술과 건축에도 관심이 많았다.

세상에, 책을 500권이나 썼다니! 그런데 이건 조금 설명이 필요해. 이때의 '권'은 요즘처럼 책을 세는 단위가 아냐. 조선 시대의 권이란 지금으로 치면 '부'나 '파트'를 가리켜. 그러니까 여러 권이 모여 책 하나를 이루기도 하는 거지. 책을 셀 때는 '권'이 아니라 '책'이라는 단위를 썼어.

예를 들어 정약용의 대표작인 『목민심서』는 48권 16책으로 이루어져 있는데, 요즘 식으로 말하면 48부로 이루어진 16권이 되는 셈이야. 이렇게 다시 계산을 해 보면, 다산의 저서는 모두 76권쯤 된대. 그래도 한 사람이 76권의 책을 썼다는 건 대단한 일이지. 그것도 정치나 과학 한두 분야가 아니라 건축, 의학 등에 이르기까지 다양한 분야를 다루었다니 더욱 놀라운 거야.

다산유적지 안에 있는 다산기념관에서는 정약용의 일생뿐 아니라 그의 대표작들 또한 모두 볼 수 있어. 입구를 통과하면 정약용이 만든 거중기와 녹로(도르래)를 이용해 화성을 쌓는 장면을 재현해 놓은 입체물이 보여. 그 옆으로는 정약용이 태어나 공부를 하고, 관리가 되어 정조의 총애를 받고, 모함으로 귀양을 가서 책을 쓰는 과정 등을 파노라마로 볼 수 있지.

이어지는 전시물은 정약용의 대표작인 『목민심서』. 지방 수령들이 백성을 다스리면서 지켜야 하는 도리를 담은 책이지. 임진왜란과 병자호란 이후 나라가 혼란에 빠지면서 지방 관리들이 백성들을 못살게 굴고 재산을 빼앗는 경우가 많았거든. 다음으로 보이는

다산 정약용 선생의 무덤

책은 홍역(마진) 치료서인 『마과회통』이야. 지금이야 거의 사라졌지만, 옛날에 홍역은 아이들의 목숨을 빼앗아 가는 아주 무서운 전염병이었어. 그 옆의 책은 『경세유표』인데 정치 개혁을 통해 나라를 바로잡는 방법을 제시하고 있어. 정약용은 이러한 책들 대부분을 유배지인 전라남도 강진에서 썼어. 그가 귀양살이를 한 기간은 자그마치 18년이었거든. 역사를 보면 유배지에서 훌륭한 책을 쓰는 사람들이 있는데, 정약용도 그중 한 명이었던 거야.

정약용이 지은 책의 내용을 들으니 무슨 생각이 드니? 역시 정약용은 천재라는 생각? 아니면 외울 것이 또 생겼구나 하는 생각? 그런데 잘 생각해 보면 정약용이 개발한 기구나 지은 책에는 공통점이 있어. 거중기를 개발한 것이든, 홍역 치료서나 정치 개혁서를 쓴 것이든 모두 백성들을 위해서였다는 것. 아까 실학이 탄생한 이유는 백성들의 생활에 도움을 주기 위해서였다고 이야기한 것, 기억하지? 이 점에 있어서도 정약용은 실학자를 대표할 만하구나.

이렇게 실학자들이 백성들을 위한 학문을 연구하고, 관리들은 백성들에게 도움이 되도록 세금 제도를 고치고, 왕은 신하들이 당쟁에 빠지지 않도록 정치를 잘하던 때가 있었어. 그게 언제냐고? 바로 다음 시간에 설명할 '영정조 시대'란다.

다음 실학자의 활동에 대한 설명 중에서 맞는 것은?

① 유형원은 부강한 나라를 만들기 위해 상공업의 발달을 주장했다.
② 북학파는 백성들의 생활을 개선하기 위해 중국에서 수레를 도입해야 한다고 주장했다.
③ 김정호는 『발해고』에서 발해가 고구려의 후손이 세운 나라임을 밝혔다.
④ 한글의 우수성을 담은 책의 제목은 『대동지지』다.

정답 | ②번. 유형원은 농업을 중요시했고, 『발해고』의 지은이는 유득공, 한글을 다룬 책은 『언문지』야.

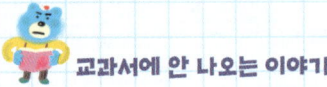 교과서에 안 나오는 이야기

가상 인터뷰! 실학의 대가, 정약용을 만나다

조선 후기 대표 실학자 정약용은 어떻게 모르는 것이 없는 사람이 될 수 있었던 걸까? 또 어떻게 그렇게 많은 책을 쓸 수 있었을까? 지금부터 그를 만나 물어보자!

 어려서부터 공부를 아주 잘하신 걸로 알고 있습니다. 혹시 비법이 있나요?

 비법이라, 글쎄요······. 어려서부터 책 읽는 걸 좋아했던 것이 비법이라면 비법일까요? 제가 공부를 잘하고 좋아한 것은 맞지만, 사실 큰 시험 운은 없었어요. 조선의 공붓벌레들이 모여든 성균관에서도 시험을 봤다 하면 1등을 했지만, 중요한 과거 시험에선 번번이 떨어졌으니까요. 오죽했으면 정조 임금님께서 불러서 왜 그리 과거에 떨어지는지 한탄을 하신 적도 있지요. 그래도 저는 포기하지 않고 공부를 계속했고, 결국 과거에 합격해서 벼슬길에 나설 수 있었어요.

 유배 생활이 힘들었을 텐데, 어떻게 그렇게 많은 책을 쓸 수 있었나요?

 유배 생활은 감옥에 있는 것과는 달라요. 사는 동네에서 벗어나지만 않으면 무엇을 하든 괜찮거든요. 그러니 제가 제일 좋아하고 잘하는 일을 한 것이에요. 하지만 더 중요한 이유도 있어요. 유배 생활을 하면서 백성들이 어렵게 사는 모습을 보았어요. 어찌하면 백성들의 생활을 조금이라도 더 좋게 만들 수 있을까를 늘 고민했지요. 그래서 백성을 괴롭히는 병을 치료하는 책, 백성을 다스리는 관리들에게 교훈을 주는 책, 백성에게 땅을 나눠 줄 것을 제안하는 책 등을 썼던 거예요.

 사는 동안 가장 슬프거나 가슴 아팠던 기억이 있다면요?

 아, 유배 생활이 18년 동안이나 이어졌으니 슬픈 기억이 한두 개가 아니에요. 그중에서도 가장 가슴 아팠던 일은 둘째 형님과 같이 유배길에 올랐다가 헤어진 일이죠. 형님은 흑산도로, 저는 강진으로 유배를 떠나게 되었는데, 나주의 한 주막에서 이별을 하게 되었습니다. 앞으로 다시 볼 수 없다는 생각에 밤새도록 이야기를 나누며 울었어요. 아이들이 병으로 세상을 먼저 떠난 것도 마음 아픈 일이었습니다. 제가 9남매를 낳았는데, 그중 여섯이나 저보다 먼저 세상을 떴어요. 그러니 제 마음이 어떠했겠어요?

 그렇다면 가장 기뻤던 일은 뭐예요?

 정조 임금님의 명을 받고 화성을 지을 때가 가장 행복했던 것 같네요. 그때는 정말 밤낮으로 연구에 연구를 거듭했어요. 마침내 거중기를 만들어 내고, 그것을 이용해서 아름답고 튼튼한 화성을 완성한 날을 정말 잊을 수가 없군요.

 직접 쓴 500여 권의 책 중에서 가장 아끼는 책이 있다면요?

 보통 사람들은 저의 대표작으로 『목민심서』『흠흠심서』『경세유표』를 꼽더군요. 물론 그 책들도 좋습니다만, 저는 특히 『마과회통』을 아낍니다. 아시다시피 이 책에는 홍역과 천연두를 치료하는 방법을 담았죠. 이 병들은 당시 백성들을 괴롭히는 질병 중에서도 으뜸이었어요. 저 또한 어려서 천연두를 앓았고, 제 딸아이도 천연두로 목숨을 잃었으니까요. 이 책 덕분에 많은 백성들이 목숨을 구했다는 이야기를 들을 때마다 기쁘기 그지없습니다.

 이야기를 들을수록 감동적이네요. 저도 꼭 선생님 같은 사람이 되고 싶습니다. 말씀 고맙습니다.

백성을 생각하다, 다산유적지와 실학박물관

정약용 동상

강변 풍경이 아름다운 경기도 남양주시에는 다산 정약용(1762~1836년)이 태어난 생가가 있어. 그 뒤로는 그가 부인과 함께 묻힌 무덤이 있고, 무덤 아래에는 해마다 제사를 지내는 사당도 있단다. 생가 옆에는 정약용의 동상과 함께 그의 일생과 업적을 소개하는 다산기념관, 다산문화관까지 나란히 있어. 게다가 그 곁에는 정약용을 비롯한 조선 후기 실학자들을 한눈에 살펴볼 수 있는 실학박물관까지 있으니, 경기도 남양주시는 실학에 대해 공부하기에 더없이 좋은 곳이야.

이 중 맨 먼저 둘러볼 곳은 정약용의 생가야. '여유당'이라는 현판을 달고 있는 소박한 기와집인데 집 안까지도 정약용이 살던 모습 그대로 복원해 놓았어. 18년 동안의 유배 생활을 끝내고 정약용이 다시 고향으로 돌아온 것은 57세(1818년) 때야. 그때부터 이곳에서 유배 시절에 쓴 책들을 다시 고치고 보충하면서 새로운 책을 쓰기도 해. 백성을 다스리는 관리의 바른 자세를 강조한 『목민심서』, 죄 없는 백성들이 억울한 일을 당하지 않도록 형벌을 연구한 『흠흠신서』, 백성들이 잘못 쓰고 있는 말과 글을 바로잡아 주는 『아언각비』 등 모두가 백성들의 삶을 조금이라도 더 낫게 만들려는 실학 정신에서 나왔지. 나란히 붙어 있는 다산기념관과 다산문화관에 가면 정약용의 작품과 활동에 대해 자세히 알 수 있단다.

다산유적지 길 건너에 있는 실학박물관에서는 교과서에 등장하는 실학자들의 사상과 주장, 업적 등을 한눈에 볼 수 있어. 실학이라는 학문을 처음 주장해 정약용에게 큰 영향을 주었던 이익, 농업을 중시한 유형원과 상업을 중시한 박제가, 우리 것을 탐구한 여러 학자들의 연구 성과까지도 말이야. 교과서에 이름과 사진만 등장하는 실학 관련 책들과 유물들을 실물로 확인할 수 있는 것도 장점이지. 이곳에는 단순히 실학에 대한 내용만 있는 게 아니야. 조

여유당 현판(왼쪽)과 정약용 생가(오른쪽)

선 후기에 실학이 등장할 수밖에 없었던 시대적 배경과 당시 우리에게 영향을 주었던 서양과 중국, 일본의 학문들도 자세히 소개하고 있어.

다산유적지와 실학박물관을 둘러봤다면 이곳에서 시작하는 다산길을 걷는 것은 어떨까? 이렇게 아름다운 곳에 와서 공부만 하고 가면 좀 억울하니까 말이야. 다산유적지에서 팔당역을 거쳐 도심 역으로 이어지는 다산길을 모두 걸으려면 4시간 가까이 걸리니까, 팔당호를 지나 가까운 다산로 조망대까지만 갔다 오는 것도 좋아. 다산도 이 길을 걸으면서 그림 같은 강변 풍경을 즐겼을지도 몰라.

:: 알아 두기 ::

가는 길 국철 중앙선 운길산역에서 내려서 버스를 타고 20분이면 도착.

관람 소요 시간 다산유적지 약 1시간, 실학박물관 약 1시간.

휴관일 다산유적지: 1월 1일, 설날, 추석 당일.
실학박물관: 매주 월요일, 1월 1일과 설날, 추석 당일.

추천 코스 다산유적지를 먼저 둘러본 후, 실학박물관을 보고, 다산길 산책하기.

7교시
조선의 르네상스, 영정조 시대의 발전

> 기독교가 지배한 서양의 중세를 '암흑기'라고 불러. 학문과 예술이 쇠퇴했기 때문이야.
> 이 암흑기의 끝에서 인간 이성을 강조한 르네상스 운동이 태어났지. 덕분에 서양은
> 암흑기를 벗어나 전성기를 맞게 되었단다. 왜란과 호란 이후 암흑기를 지나던 조선의
> 역사도 영조와 정조 시대에 이르러 서양의 르네상스 같은 발전을 이룩하게 되었어.
> '영조와 정조 시대'를 줄여서 '영정조 시대'라고도 한단다.

안녕? 오늘의 현장 수업 장소는 창경궁이야. 지난번에 방문했던 창덕궁과는 담장 하나를 사이에 두고 붙어 있는 궁궐이지. 원래는 창덕궁만 있었는데, 성종 때 왕실 식구들이 늘면서 창경궁을 새로 지은 거란다. 창덕궁에 왕과 왕비가 머물며 국정을 챙겼다면, 창경궁에는 왕실 가족들이 머물렀어. 창덕궁과 창경궁을 합쳐서 '동궐'이라고 불렀어. 서울의 동쪽에 있다고 해서 붙은 이름이야.

오늘 창경궁에 온 이유는 이곳이 영조와 깊은 관련이 있기 때문이야. 2교시 수업에서 숙종 때의 당쟁을 다루면서 다음에 영조에 대해서 자세히 살펴보기로 했잖아. 지금이 그때야. 그럼 잠깐 내용을 복습해 볼까? 우선 임진왜란과 병자호란의 후유증을 극복하기 위한 노력들을 살펴보았어. 선조는 허준에게 『동의보감』을 만들도

록 했고, 광해군은 대동법을 실시함으로써 백성들의 부담을 덜고 국가 수입은 늘렸지. 하지만 당쟁이 심해지면서 정치 혼란은 계속되고 왕권은 흔들렸어. 이런 혼란은 숙종 때 장 희빈을 둘러싸고 극에 달했지만, 장 희빈이 죽으면서 결과적으로는 왕권이 강화되었다고 했지.

탕평책과 탕평채

숙종의 뒤를 이어 왕위에 오른 사람은 장 희빈이 낳은 경종이었어. 그런데 경종이 아들을 낳지 않고 즉위 4년 만에 갑자기 죽게 되자 그의 동생인 영조가 왕위에 올랐어. 영조는 임금이 된 후 신하들의 세력 다툼을 막기 위하여 노력했어. 영조는 어느 한쪽 신하들의 편을 들지 않았고, 서로 다른 무리의 신하들이 골고루 벼슬을 할 수 있도록 했지. 이를 '탕평책'이라고 불렀단다. 영조는 신하들이 무리를 나누어 다투지 않기를 바라는 마음으로 탕평비를 세웠어. 탕평비는

이 비에 새겨져 있는 글은 "남과 두루 친하되 편당(한 편의 당파)을 짓지 않는 것은 군자의 공정한 마음이고, 편당만 짓고 남과 두루 친하지 못하는 것은 소인의 사사로운 생각이다." 라는 뜻이야.

탕평비

성균관에 세웠는데 지금도 성균관대학교 교내에 가면 볼 수 있어. 영조는 미래의 신하들이 공부하고 있는 성균관에 탕평비를 세움으로써 당파 싸움의 뿌리를 뽑으려고 했던 거야.

영조는 탕평채라는 음식도 즐겨 먹었대. 탕평채란 채를 썬 청포묵에 쇠고기 볶음, 숙주, 미나리 등을 섞어서 간장, 참기름, 식초를 넣고 골고루 무친 후에 달걀과 김, 고추를 가늘게 채 썰어 고명으로 얹어 낸 묵무침이야. 흰색, 붉은색, 푸른색, 검은색 등이 골고루 섞여 있는 것이 특징이지. 각 붕당에서 고르게 인재를 등용했던 정책인 탕평책처럼 다양한 색깔의 재료를 골고루 섞어서 만든 요리이기 때문에 이런 이름이 붙었다는구나. 실제로 영조는 신하들과 탕평책을 논하는 자리에서 탕평채를 먹었대. 같은 이름을 가진 음식까지 만들어 먹을 정도로 탕평책을 중요하게 여겼던 거야.

 탕평책을 적극적으로 실시한 덕분에 영조 때는 당쟁이 눈에 띄게 줄었어. 정치는 안정되고 왕권은 강화되었지. 영조는 이를 바탕으로 여러 가지 개혁 정책을 펼쳤단다. 영조는 83세의 나이로 세상을 뜰 때까지 52년간(1724~1776년)이나 왕위에 머물렀어. 조선 시대 국왕들 중 최고 기록이지. 영조는 긴 재위 기간 만큼이나 많은 업적을 남겼단다. 그럼 지금부터 영조의 업적을 하나하나 살펴보기로 할까? 그중에서도 우선 백성들의 생활에 가장 큰 영향을 끼쳤던 세금 제도의 개혁부터 말이야.

세금을 줄이고 신문고를 매달다

 2교시에서 설명한 대로 조선 시대의 세금은 크게 세 가지였어. 논밭에 부과되는 전세와 노동력을 제공하는 역, 특산품을 바치는 공납이었지. 이 중 공납이 문제가 되어 대동법이 실시되었다고 이야기했잖아? 공납 다음으로 문제가 된 것은 바로 역, 그중에서도 군대를 가야 하는 군역이었어. 조선 후기가 되면서 군역은 직접 군대에 가는 대신 옷감을 내는 것으로 바뀌었어. 이때에는 옷감이나 쌀이 돈처럼 쓰였거든.

 하지만 관리들은 다양한 방법으로 정해진 것보다 많은 옷감을 거두었어. 예를 들어 군대를 갈 수 없는 어린아이나 노인한테도 옷감을 걷는 식으로 말이야. 이를 견딜 수 없어 백성이 도망을 가면 친

여기서 영조가 백성들을 직접 만나 균역법에 대한 생각을 물었단다.

홍화문

척이나 이웃 사람한테 부담을 지웠어. 그러니 농민들에게 큰 부담이 될 수밖에. 이런 문제를 해결하기 위해 영조는 백성들이 내야 할 옷감을 절반으로 줄이는 '균역법'(1750년)을 실시했단다. 균역법이 백성들한테 좋은 일이기는 하지만 왜란과 호란 이후에 어려운 나라 살림이 더 어려워진 것은 아니냐고? 걱정하지 마. 백성들의 부담을 줄이는 대신, 왕실이나 관청 그리고 땅 주인들에게 세금을 거두어 보충했거든.

대동법과 마찬가지로 균역법을 실시하는 데도 반대가 심했어. 백성들에게 더 많은 옷감을 거둬들여 이익을 챙겼던 관리들, 혹은 새롭게 세금을 내야 했던 양반들이 강력히 반대했지. 영조는 창경궁의 정문인 홍화문에서 백성들을 직접 만나서 생생한 이야기를 들었어. 당연히 백성들은 대찬성이었고, 영조는 이를 근거로 균역법을 추진했던 거야. 1교시 수업에서 영조가 창덕궁의 정문인 돈화문에서도 백성들을 만나 이야기를 들었다고 설명해 주었는데, 기억날 거야. 영조는 창덕궁과 창경궁을 오가면서 백성들을 직접 만나 그들의 이야기를 들었던 훌륭한 임금이었구나.

 영조의 업적은 균역법만이 아니었어. 『속대전』과 『속오례의』 등 법률책과 유교 관련 서적, 『동국문헌비고』 같은 지리책도 만들었지. 또 연산군 때 폐지되었던 신문고 제도를 부활시켜서 백성들의 억울함을 풀어 주기도 했단다.

돈 대신 쓰인 옷감, 삼베와 면포

돈을 대신한 옷감 중에서 가장 흔하게 쓰인 것은 삼베와 면포였어. 삼베는 삼이라는 식물에서 뽑아낸 삼실로 만들었고 면포는 목화솜에서 뽑아낸 무명실로 짰지. 삼베와 면포는 대부분 집에서 여자들이 베틀을 이용해 직접 짰어. 옷감을 세는 단위는 필이었는데, 대략 폭 32센티미터, 길이 16미터 정도를 한 필로 계산했지. 군역은 원래 1인당 1년에 삼베 2필이었는데, 균역법을 실시하면서 1필로 줄였단다.

베틀

사도 세자, 뒤주 속에서 숨지다

자, 창경궁을 좀 더 살펴볼까? 영조가 백성들을 만났던 홍화문을 지나면 창경궁의 중심 건물인 명정전이 나와. 국가의 공식 행사가 치러졌던 경복궁의 근정전과 같은 성격의 건물이지. 그런데 명정전의 크기는 근정전의 절반도 안 되어 보여. 이것만 보아도 창경궁은 왕이 정치를 하는 곳이라기보다는 왕족들이 생활하기 위해 지은 곳이라는 걸 알 수 있어. 명정전 옆에 있는 건물인 문정전에서는 조선 왕실 최고의 비극적인 사건이 일어났단다. 이곳에서 영조가 자신의 아들인 사도 세자를 뒤주 속에 가둬서 결국 굶겨 죽이고 만

문정전

거야. 어떻게 이런 사건이 벌어진 것일까? 여기에는 영조의 빛나는 업적 뒤에 가려진 어두운 역사가 숨어 있어.

사도 세자는 영조의 둘째 아들이었어. 하지만 맏아들이 일찍 죽었기 때문에 세자로 책봉되었지. 3세 때 벌써 책을 읽을 정도로 똑똑했지만 엄했던 아버지 영조와 사이가 좋지 않았어. 아버지의 사랑을 받지 못하니 자꾸 잘못된 행동을 하게 되었지. 당연히 영조에게 꾸지람을 듣는 일이 잦았고, 그럴수록 사도 세자는 더욱 위축되어 나중에는 정신 이상 증세를 보이기까지 했대. 사도 세자는 당시 집권 세력이었던 노론과도 사이가 좋지 않았어. 잠깐, 노론이 뭐냐

고? 2교시에서 살펴본 조선의 붕당 중에서 마지막에 나온 무리의 이름이야. 숙종 때 서인이 노론과 소론으로 갈렸다고 했지. 어라? 영조의 탕평책으로 붕당이 사라진 거 아니었냐고? 탕평책을 통해 당쟁은 줄어들었지만 여전히 당파는 존재하고 있었고, 그중 노론은 가장 큰 세력이었지.

어느 날 영조가 사도 세자를 문정전(당시 이름은 휘령전)으로 불렀는데 사도 세자는 몸이 아프다고 하면서 늦게 나타났어. 이전부터 여러 가지 일(이 중에는 세자가 역모를 꾸민다는 고발도 있었어!)로 사도 세자에게 화가 나 있던 영조는 칼을 주면서 자결하라고 말했지. 옆에서 신하들이 말리자 영조는 쌀을 담아 놓던 뒤주 속에 세자를 가두라고 명령했어. 하루 이틀쯤 지나면 풀어 줄 것 같았지만 그게 아니었어. 결국 사도 세자는 며칠 후 뒤주 속에서 굶어 죽고 말았단다.

이때 사도 세자의 아들인 정조는 겨우 10세였어. 정조는 "아비를 살려 주시옵소서!" 하며 할아버지인 영조한테 매달렸대. 그런데도 결국 아버지가 죽었으니 얼마나 충격이 컸을까? 보통 사람이라면 아버지의 원수를 갚기 위해 수많은 사람을 죽이는 폭군이 되었겠지. 어머니가 아버지로부터 사약을 받고 죽었다는 것을 안 연산군이 그랬던 것처럼 말이야. 하지만 웬걸. 할아버지의 뒤를 이어 왕위에 오른 정조는 영조의 개혁 정책을 더욱 잘 추진하는 훌륭한 임금이 되었단다.

세종은 집현전, 정조는 규장각

명정전에서 조금 더 들어가면 나오는 경춘전이라는 건물이 바로 정조가 태어난 곳이야. 정조는 여기에서 사도 세자와 혜경궁 홍씨의 아들로 태어났단다. 하지만 정조가 왕위에 쉽게 오른 것은 아니었어. 사도 세자의 죽음에 관계가 있던 세력들이 정조가 왕위에 오르는 것을 어떻게 해서든 막으려고 했으니까. 만약 정조가 왕이 된다면 사도 세자의 죽음과 연관된 사람들이 화를 입을 것은 불을 보듯 뻔한 일이었거든.

천신만고 끝에 옥좌에 오른 뒤에도 정조는 반란과 암살 위협에 시달려야 했어. 즉위 직후에는 실제로 무장 괴한들이 궁궐에 함부로 들어오는 일까지 벌어졌단다. 나중에 정조는 자신을 지킬 친위 부대인 장용영을 만들었어. 정예병들로 구성된 장용영은 명정전 주위에 머물며 정조의 목숨을 지켰지. 이렇듯 어렵게 출발했지만 정조는 조선 시대 어느 왕보다도 뛰어난 업적을 남겼어.

> 정조는 나라를 바로 세우기 위해서는 왕권을 강화해야 한다고 생각하여 여러 가지 개혁을 시도하였다. 임금을 도와 나랏일을 할 인재를 골고루 뽑았으며, 서얼들도 벼슬할 수 있는 기회를 주었다. 그리고 왕실 도서관인 규장각을 설치하여 새로운 인재들이 나랏일을 연구하도록 하였다. 규장각은 정조의 개혁 정책과 조선 후기 문화 발달에 큰 역할을 하였다.

세종 때 집현전, 성종 때 홍문관이 있었다면 정조 때는 규장각이

명정전

있었어. 왕실 도서관으로 출발한 규장각은 이후 개혁 정책을 만들고 추진하는 역할을 하게 되었지. 정조는 규장각 관리로 서얼 출신들도 뽑았어. 서얼이란 서자와 얼자를 이르는 말로, 본부인이 아니라 첩에게서 태어난 아들을 말해. 최초의 한글 소설 『홍길동전』에서 길동이가 아버지를 아버지라 부르지 못하는 이유도 서얼이기 때문이야. 서얼은 원래 과거 시험을 볼 수도, 벼슬에 오를 수도 없었는데 정조가 특별히 이들을 관리로 뽑은 거란다. 당연히 이들은 정조에게 더욱 충성했지.

정조, 수원으로 행차하다

정조는 현재의 수원에 계획 도시인 화성을 건설하여 군사와 상업의 중심지로 만들고자 했어. 정조가 수원에 화성을 지은 것은 아버지인 사도 세자의 무덤과 관련이 있어. 정조는 왕위에 오르자 경기도 양주(지금의 서울시 동대문구 전농동)에 있던 사도 세자의 무덤을 수원으로 옮기도록 했거든. 물론 더욱 크고 훌륭하게 지어서 말이야. 그러고는 기회가 있을 때마다 수원의 사도 세자 무덤으로 행차를 했단다. 그런데 정조의 행차는 단순히 길을 가는 것이 아니었어. 정조는 수원으로 행차할 때마다 백성들이 자유롭게 구경할 수 있게 했을 뿐 아니라, 왕과 직접 대화할 수 있도록 했어. 억울한 일을 당한 백성은 왕의 행차를 막고 자신의 억울함을 알릴 수 있었지. 이게 진짜 가능했냐고? 그럼!

정조 때는 이런 일이 가능했을 뿐 아니라 실제로 자주 일어났어. 그래서 수원까지의 행차는 때로 오랜 시간이 걸리기도 했단다. 그런데 영조가 다시 설치한 신문고가 있었는데 왜 굳이 임금의 행차를 막는 일이 벌어졌을까? 신문고는 창덕궁 안에 있었고, 이걸 두드리기 위해서는 여러 가지 복잡한 절차가 필요했거든. 거기에 비하면 임금의 행차를 막는 일이 오히려 간단했지. 행차가 지나는 길에 뛰어들어 북이나 징을 울리기만 하면 되었거든. 어때? 정조는 할아버지인 영조보다 한 걸음 더 앞선 모습이지?

◀ 김홍도의 「규장각도」

화성친행도(정조의 화성 행차 그림, 부분)

정조는 현재의 수원에 계획 도시인 화성을 건설하여 군사와 상업의 중심지로 만들고자 하였다. 정약용과 많은 실학자들은 동서양의 과학 기술을 접목시켜 1796년에 화성을 완성하였다.

정조가 화성을 건설한 가장 중요한 목적은 신하들의 세력에 맞서서 왕권을 강화하기 위해서였어. 이건 장용영을 만든 이유와도 같아. 하지만 단순히 군사적 목적에 그친 것이 아니라 이곳의 백성들에게 농토를 나눠 주어 백성들의 생활을 돕고 상인들이 장사할 수 있도록 함으로써 상업이 발달한 새로운 도시를 만들려고 한 거야.

화성 건설의 책임을 맡은 사람은 앞에서 설명한 조선 후기의 실학자인 정약용이었어. 정조는 정약용에게 청나라를 통해 들어온 서양의 과학 기술 책자를 주면서 화성 건설을 명령했지. 정약용은 오늘날의 기중기와 유사한 거중기와 녹로를 만들어 빠른 시간 내에 튼튼하고 멋진 화성을 완성했어. 화성은 뛰어난 아름다움과 역사적 가치를 인정받아 유네스코 세계 문화유산으로 지정되었단다.

이렇게 많은 업적을 쌓아 가던 정조는 49세에 갑자기 병에 걸려서 세상을 떠났어. 그가 최후를 맞이한 곳도 창경궁이야. 자신이 태어난 경춘전에서 불과 수십 미터 떨어진 영춘헌이 바로 그곳이지. 정조의 죽음과 함께 조선의 르네상스도 종말을 고하고 말았어. 이후 나라는 혼란에 빠지고 백성들의 생활은 더욱 어렵게 되었거든. 여기에 대해서는 다음에 좀 더 자세히 살펴보기로 하자.

거중기는 움직 도르래, 녹로는 고정 도르래

과학 시간에 도르래에 대해서 배운 적이 있니? 도르래란 둥근 바퀴에 홈을 파고 줄을 걸어서 물건을 들어 올리는 도구를 말하지. 그런데 도르래에는 크게 두 가지 종류가 있어. 물건을 들어 올리는 힘을 줄여 주는 움직 도르래와 힘의 방향을 바꿔 주는 고정 도르래. 움직 도르래를 이용한 거중기는 움직이려는 물건의 무게를 25분의 1까지 줄여 주었대. 고정 도르래를 활용한 녹로를 이용해서는 물건을 높은 곳까지 쉽게 들어 올릴 수 있었고. 이런 장치들 덕분에 원래 10년 예정이었던 화성 공사를 2년여 만에 끝낼 수 있었단다.

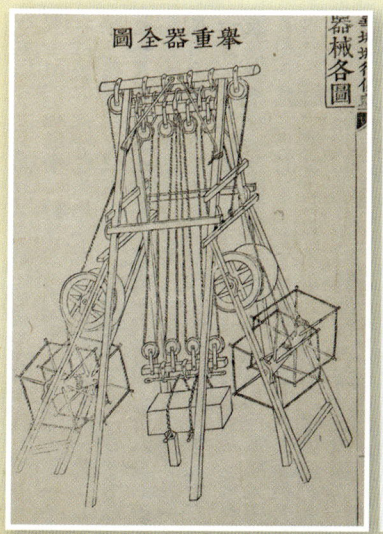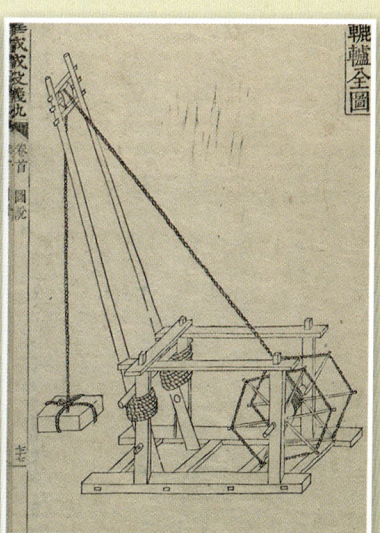

화성을 짓는 내용을 기록한 『화성성역의궤』에 그려진 거중기(왼쪽)와 녹로(오른쪽)

수원 화성

① **팔달문** 수원성의 남문. 수원성의 건물 중 가장 크고 화려하다.

② **서남암문** '암문'은 성 안쪽 깊숙한 곳에 설치하여 적의 눈에 띄지 않게 한 비밀 문이다.

③ **서장대** 팔달산 정상에 자리하여 화성 주변을 살피고 군사를 지휘하던 본부이다.

④ **화성행궁** '행궁'은 왕이 머물던 임시 궁전인데, 화성행궁은 조선 시대 행궁 중 가장 크다.

⑤ **서북공심돈** '돈'은 적을 살피기 위해 지은 망루를 가리키는 말이다.

⑥ **장안문** 수원성의 북문이자 정문. 보통의 성들과 달리 수원성은 북문이 정문이다.

⑦ **화홍문** 홍수를 대비하여 수원천의 북쪽에 설치한 수문.

⑧ **창룡문** 수원성의 동문. 건너편의 동장대에서는 장용영이 훈련했다.

⑨ **봉돈** 위험을 알리는 신호를 보내는 봉수대이다.

 역사 현장 답사

작지만 많은 이야기를 간직한 창경궁

경춘전

금천교

창경궁은 창덕궁의 보조 궁궐로 지어졌기 때문에 크기는 작아. 하지만 어느 궁궐 못지않게 많은 이야기를 담고 있어. 정문인 홍화문에서 영조가 백성들을 만나 여론을 들었고, 정조가 가난한 백성들에게 곡식을 나눠 주었어. 그뿐만 아니라 홍화문에서는 무과 시험을 치르기도 했단다.

홍화문을 들어서면 작은 실개천이 흐르고 그 위에는 돌다리가 놓여 있어. 다른 궁궐도 모두 정문을 들어서면 이런 모양이야. 궁궐의 정문 안으로 흐르는 개천을 '금천', 그 위에 놓인 다리를 '금천교'라고 불러. 이제부터는 임금이 사는 신성한 곳으로 들어간다는 의미지. 그래서 금천교에는 무섭게 생긴 동물을 새겨서 잡스러운 기운이 들어오는 것을 막기도 한단다. 금천교를 지나서 만나게 되는

환경전

　명정전은 다른 궁궐의 중심 건물에 비하면 아담하지만 다른 어떤 건물보다 오래되었어. 지금 우리가 보는 명정전이 세워진 것은 광해군 때인 1616년의 일이거든.
　정조가 태어난 경춘전 바로 옆에는 환경전이 있어. 이곳에서 의녀 대장금이 마지막까지 중종을 돌보았지. 당시 대신들은 남자 의원이 아닌 의녀에게 주치의 역할을 맡기는 것에 불만이 많았지만, 중종은 마지막까지 대장금을 믿고 의지했대. 『조선왕조실록』에는 중종이 대장금에게 진료를 맡기고 치료에 따라 상을 내린 기록이 여러 차례 나온단다.
　경춘전과 환경전 앞으로는 넓은 뜰이 펼쳐져 있어. 이곳은 처음 창경궁을 지은 성종 때부터 넓은 뜰이었어. 성종이 왕실 여인들을 위해 여기서 잔치를 베풀었다고 해.
　정조가 숨을 거둔 영춘헌을 지나면 넓은 공터가 나와. 원래 공주들과 궁녀들의 처소와 생활 공간이 몰려 있었는데 일제 강점기를 거치면서 모든 건물이 사라졌어. 그런데 일제는 건물만 없앤 것이 아냐. 창경궁에 벚꽃을 잔뜩 심어 놓고는 일본식 정원으로 만들어 버렸어. 심지어 동물원까지 만들고 이름도 아예 '창경원'이라고 바꿔 버렸지. 이후로도 오랫동안 창경원으로 남아 있던 창경궁은 1983년 복원 공사를 시작하면서 원래의 이름을 되찾게 되었단다.

:: 알아 두기 ::
가는 길　　지하철 4호선 혜화역 4번 출구로 나와 걸어서 7분이면 도착.
관람 소요 시간　약 1시간.
휴관일　　매주 월요일.
추천 코스　정문인 홍화문에서 출발해 명정전과 문정전, 경춘전, 환경전 등을 둘러보고 춘당지와 가장 안쪽의 관덕정까지 본 후 다시 홍화문으로 돌아오면 돼.

8교시
서학의 전래, 동학의 탄생

> 서양의 과학 기술과 함께 들어온 것이 있어. 바로 서양의 종교인 천주교야. 조선의 선비들은 처음에는 천주교를 종교가 아니라 학문으로 생각했어. 그래서 '서학'이라고 불렀지. 하지만 서학은 곧 신앙으로 발전하면서 전통적인 유교와 충돌하게 되었단다. 천주교는 백성들 사이에 널리 퍼졌고, 그 영향을 받아 새로운 종교인 동학이 생겨나기도 했어.

오늘은 서학이라 불리던 학문이 어떻게 신앙이 되었는지 알아보기 위해 이곳에 왔어. 서울 마포구에 위치한 절두산 순교성지. 끊을 절(切)에 머리 두(頭)라니, 이름이 좀 무시무시하군. 정말로 여기에서 사람들이 머리를 잘렸기 때문에 이런 이름이 붙은 거란다. 그것도 한두 명이 아니라 무려 수천 명이나! 이런 일이 왜 일어났는지 차근차근 살펴보자.

이승훈은 우리나라 최초의 천주교 영세자야. 정조 때 이승훈이 청나라 연경에서 천주교 영세를 받고 돌아오면서, 일부 학자들 사이에서 행해졌던 신앙 활동이 상민들과 부녀자들에게도 널리 퍼지게 된단다. 절두산 순교성지 안에 있는 한국천주교 순교자박물관에 이승훈의 초상화가 있어. 정자관을 쓰고 도포를 입은 모습이 영

이승훈

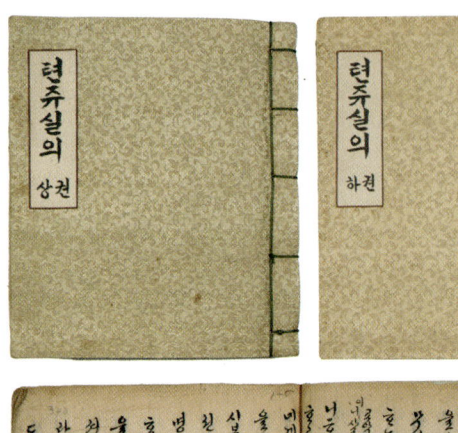

『천주실의』 한글판의 표지(위)와 내지(아래)

락 없이 조선 양반의 모습이네. 실제로 이승훈은 평택 현감을 지내기도 한 양반이었어.

영세는 세례를 받는다는 뜻인데, 영세를 받았다는 것은 공식적으로 천주교 신자가 되었다는 뜻이야. 그저 흥미로운 서양 학문으로 천주교를 공부하다가, 어느새 믿음이 생겨서 종교로 받아들이게 된 거야. 청나라 연경에서 영세를 받고 돌아온 이승훈은 한양에 천주교회를 세우는 등 천주교를 적극적으로 전파했어. 이승훈의 초상화 옆에 한글로 번역된 『천주실의』가 보이지? 『천주실의』는 마테오 리치가 천주교 교리를 중국 사람들에게 소개한 책이야. 이렇게 성경이나 『천주실의』 같은 책들이 한글로 번역되면서 상민과 부녀자에게도 천주교가 널리 퍼지게 된 거란다. 『천주실의』 옆에는 갓을 쓴 양반들뿐 아니라 상민들도 같이 모여서 예배를 드리는 그림이 전시되어 있구나.

학문에서 신앙으로, 서학에서 천주교로

지금으로부터 수백 년 전, 처음 천주교가 들어올 무렵에 천주교는 '서학'이라고 불렸어. 말 그대로 '서양의 학문'이라는 뜻이지. 조선의 선비들은 서양의 과학 기술과 천주교 등을 모두 서양의 학문으로 받아들였거든. 그러니까 서양의 과학 기술도 서학이고, 천주교도 서학이었던 거야. 이건 유교를 생각하면 이해가 쉬워. 유교 또한 종교이자 학문이기도 했거든. 그래서 유교를 유학이라고도 불렀던 것이고. 아마 그래서 조선의 선비들이 자연스럽게 천주교를 학문으로 받아들인 것인지도 몰라. 처음에는 학문으로만 생각했다가 나중에 신앙으로 믿게 된 거란다.

여기서 퀴즈 하나! 천주교랑 기독교는 같은 걸까, 다른 걸까? 정답은 '비슷하지만 조금 다르다'. 불교라는 하나의

공자의 가르침은 유학!

예수의 가르침은 서학!

종교 안에 조계종과 천태종 등 다양한 종파들이 있는 것처럼 기독교도 마찬가지야. 예수의 가르침을 따르는 종교를 기독교라고 하는데, 그 안에 여러 종파들이 있는 것이지. 기독교를 잘게 나누면 수백 개의 종파로도 나눌 수 있지만, 크게는 가톨릭과 동방 정교회, 개신교로 나눌 수 있어. 이 중 가톨릭을 중국에서는 천주교라고 부른 거야. 왜냐고? 가톨릭 선교사 마테오 리치가 쓴 『천주실의』라는 책이 베스트셀러가 되었거든. 여기서 '천주'란 가톨릭에서 믿는 '하느님'을 한자로 번역한 이름이란다. 이 책이 널리 퍼지면서 가톨릭은 중국에서 천주교로 불리게 된 거야. 그 뒤 『천주실의』가 조선에 들어오면서 자연스럽게 천주교라는 이름도 같이 들어오게 되었단다.

 **기독교 = 가톨릭 + 동방 정교회 + 개신교**

부처의 가르침을 따르는 종교가 불교, 예수의 가르침을 따르는 종교가 기독교야. '기독'이란 예수의 다른 이름인 '그리스도'의 한자식 표현이거든. 원래 팔레스타인 지방의 작은 종교였던 기독교는 로마의 국교가 되면서 세계적인 종교로 성장해. 그러다가 로마가 동서로 나뉘면서 기독교도 갈라지게 되었단다. 서로마의 기독교는 가톨릭, 동로마의 기독교는 동방 정교회로 불렸지. 그런데 앞서 90쪽에서 말했듯이 가톨릭에 반대하는 종교 개혁이 일어나면서 개신교가 생겨났어. 그래서 기독교는 크게 로마 가톨릭과 동방 정교회, 그리고 개신교로 나뉘게 된 거야.

제사를 안 지내면 사형?

한국천주교 순교자박물관 옆에는 '형구·형틀 체험실'이 있어. 조선 말기에 천주교 신자들을 고문하고 죽이는 데 쓰인 형벌 도구들을 전시해 놓은 곳이야. 이곳의 이름이 절두산이 된 까닭을 알 수 있는 곳이기도 하지. 텔레비전 사극에서 보았던 곤장과 형틀, 목에 차는 큰 칼 등이 있네. 벽에는 당시 고문을 하거나 사형을 하는 장면들을 묘사한 그림들도 보이고. 너무 잔인하다고? 그런데 이렇게 사람들을 고문하고 사형한 것은 조선만이 아니야. 근대 사법 제도가 확립되기 전에는 조선뿐 아니라 동서양의 다른 나라들도 모두

절두산 순교자 기념탑

이렇게 잔인한 형벌을 가했어.

그런데 조선에서 천주교 신자들을 이렇게 괴롭힌 이유는 무엇일까?

 천주교를 믿는 사람이 늘어나면서 조상에 대한 제사를 거부하는 일까지 생겼다. 나라에서는 양반 중심의 신분 제도를 부정하고 조선 사회의 질서를 무너뜨린다는 이유로 천주교를 금지하고 탄압하였다.

나라에서 처음부터 천주교를 금했던 건 아냐. 정조는 천주교에 대한 비난 여론이 일자, '우리 학문을 바로 세우면 서학은 자연스럽게 사라질 것'이라고 말했거든. 그러니까 천주교를 나라에서 금지할 필요는 없다고 생각했던 거지.

그러던 정조 15년(1791년)에 이른바 '윤지충 사건'이 발생해. 당시 전라도에 살던 천주교 신자 윤지충이라는 사람이 자기 부모의 제사를 지내지 않았을 뿐 아니라 제사에 필요한 부모의 신주를 없애 버린 거야.

신주가 뭐지? 죽은 사람의 영혼을 모시는 나무패! 조상의 신주는 유교에서 가장 소중하게 여기는 거야. 임진왜란이 일어났을 때 선조가 가장 먼저 챙겼던 것이 종

전주 전동성당 입구에 세워진 윤지충 동상

묘에 있던 역대 국왕들의 신주였을 정도였어. 그런 귀중한 신주를 없앤다는 것은 죽어 마땅한 불효였지. 그런데 윤지충이 부모의 신주를 없앤 것은 천주교 신자가 되었기 때문이었어. 원래 기독교에서는 혼령에게 절하는 것을 철저히 금했거든. 그것이 부모의 혼령이라 할지라도 말이야. 결국 윤지충은 사형을 당했고, 천주교는 법으로 금지되었어. 하지만 시간이 갈수록 천주교 신자는 늘어났고 정부의 탄압은 심해졌어. 그러다가 1866년에 천주교 신자 수천 명이 한꺼번에 목숨을 잃는 '병인박해'가 이곳 절두산 순교성지에서 벌어지게 된 거란다. 여기에 대해서는 역사현장답사에서 더 자세히 설명해 줄게.

사람이 곧 하늘이다

이쯤에서 다시 질문 하나. 이런 탄압에도 불구하고 시간이 흐를수록 천주교 신자가 늘어난 이유는 무엇일까?

📖 조선 후기에 이르러 천주교는 빠르게 전파되기 시작하여 일부 실학자, 중인, 상민, 부녀자들 사이에 신앙으로 받아들여졌다. 이는 신분으로 사람을 구분하지 않는 평등 사상과 죽은 뒤에도 영생을 누릴 수 있다는 천주교 교리가 백성들의 공감을 얻었기 때문이다.

조선 사회의 핵심이 뭐라고 했지? 맞아, 양반, 중인, 상민, 천민으로 이어지는 신분 질서. 그런데 조선 후기에 사회가 변하면서 이 신

분 질서가 흔들리게 되었단다. 신분 질서가 확고할 때는 차별도 그저 운명으로 받아들였는데, 신분 질서가 흔들리면서 상민과 노비까지 양반이 되었으니 반발이 심할 수밖에. 그래서 많은 백성들은 신분에 따른 차별이 없다는 천주교를 믿게 된 거야.

그렇다고 신분 질서에 반발했던 모든 백성들이 천주교를 받아들인 것은 아니야. 부모의 신주를 없애고 제사를 지내지 않는 것은 보통 백성들에게도 거부감이 심했거든. 더구나 당시에는 백성들 사이에 서양 문물에 대한 반감이 생기기도 했어. 서양 사람들을 '서양 오랑캐'라고 불렀으니, 그들의 문물도 오랑캐의 것일 따름이었지. 그래서 탄생한 것이 동학이야.

 서양에서 전래된 천주교가 백성들 사이에서 널리 퍼져 갈 무렵, 이에 맞서 우리 것을 강조하는 동학이 새로 생겨났다. 동학은 '사람이 곧 하늘'이라는 평등 사상과 함께 부패한 관리에 대한 처벌, 새로운 세상이 열린다는 사상 등을 주장하면서 백성들 사이에서 빠르게 퍼져 나갔다.

동학을 처음 만든 사람은 최제우(1824~1864년)였어. 몰락한 양반 가문 출신인 최제우는 1860년 한울님(하느님)을 만나는 신비로운 체험을 하고 동학을 창시하게 되었어.

우선 알아야 할 점은 동학도 서학과 마찬가지로 종교라는 사실이야. 천주교의 영향을 받기

최제우

한눈에 비교하는 서학 대 동학

서학
- 서양의 종교(가톨릭)
- 하느님 앞에서는 모두 형제!
- 최후의 심판이 찾아온다!
- 2천여 년 전 팔레스타인에서 태어난 예수의 가르침을 따르는 사람들이 만든 종교
- 전 세계에 널리 퍼짐

동학
- 조선의 새로운 종교
- 사람이 곧 하늘이다!(인내천)
- 새로운 세상이 열린다!(후천 개벽)
- 약 200년 전 조선의 최제우가 서학에 대항하는 새로운 종교로 창시
- 동학 농민 운동으로 이어짐

도 한 동학에는 원래 조선에 있던 유교와 불교, 민간 신앙 등이 모두 녹아 있어. '사람이 곧 하늘'이라는 '인내천 사상'은 기독교에서 '우리는 모두 하느님의 아들딸'이라고 말하는 것과 같아. 인내천 사상과 함께 동학의 중요한 정신인 '후천 개벽 사상'은 천주교의 영향이 조금 더 강하게 느껴지는 부분이야. 후천 개벽은 부정하고 불평등한 지금 세상이 끝나고 새로운 세상이 열릴 것이라는 뜻이거든. '최후의 심판'이라고 들어 봤어? 먼 훗날 예수가 하늘에서 내려오면 이 세상이 끝나고, 사람들은 최후의 심판을 거쳐서 천국과 지옥으로 가게 된다는 이야기야. 옛 세상이 끝나고 새로운 세상

이 펼쳐진다는 점에서 후천 개벽과 비슷하다고 볼 수 있지.

만민 평등 절대 반대!

조선 정부는 서학을 법으로 금지했고 동학도 탄압하기 시작했어. 동학이 제사를 안 지낸 것도 아닌데 왜 그랬을까? 이유는 동학이 만민이 평등하다는 주장을 했기 때문이야. 사람이 곧 하늘이니, 사람이라면 누구나 똑같이 존귀한 존재라는 것이었지. 이건 양반, 중인, 상민, 천민의 신분 질서를 나라의 기초로 삼았던 조선 정부로서는 도저히 받아들일 수 없는 주장이었어. 하지만 동학은 백성들 사이에서 빠르게 퍼져 나갔어. 당연히 조선 정부의 탄압은 더욱 강해져서 결국 최제우를 잡아 죽이는 데 이르게 되었단다.

하지만 최제우를 이은 최시형이 동학의 2대 교주가 되면서 동학은 더욱 널리 퍼지게 되었어. 최시형이 탄압을 피해 이곳저곳으로 숨어 다니면서 동학을 전파했거든. 경상도에서 시작한 동학은 전라도와 충청도까지 퍼지게 되었지.

이렇게 백성들 사이에 뿌리내리게 된 동학은 30년 뒤, '동학 농민 운동'으로 이어지게 된단다. 동학 농민 운동이 뭐냐고? 음, 이건 무지 중요한 이야기니까 5권에서 자세히 설명해 줄게. 그럼 이번 시간은 여기까지!

조선 후기에 퍼진 서학과 동학의 공통점이 아닌 것은?

① 모든 사람이 평등하다고 가르쳤다.
② 신분에 따른 차별로 고통받던 백성들에게 널리 퍼졌다.
③ 조선 정부의 탄압을 받았다.
④ 조상의 신주를 없애고 제사를 지내지 않았다.

정답 | ④번. 동학은 제사를 권장했단다.

 역사 현장 탐사

목이 잘려도 신앙은 못 버린다, 절두산 순교성지

'성지'란 말 그대로 '성스러운 곳'이야. 특정 종교에서 성스럽게 여기는 곳을 가리키지. 예를 들어 예수가 태어난 예루살렘이나 석가모니가 숨을 거둔 인도의 쿠시나가르 등이 대표적인 성지야. 성지 순례라고 하면 이런 성지를 다녀오는 것을 말하고. 우리나라에도 성지가 있어. 1만 명에 가까운 천주교도들이 목숨을 잃은 서울 마포구의 절두산 순교성지는 가톨릭의 성지란다.

한강변에서 바라본 절두산

순교란 자신의 믿음을 지키기 위해 목숨을 바치는 일이야. 조선 후기에 천주교를 믿는 것은 죽음을 각오해야 하는 일이었어. 천주교에 대한 박해(못살게 괴롭히는 것)가 여러 차례 있었는데 그중 가장 큰 박해가 1866년에 일어났어. 이해가 병인년이었기에 '병인박해'라고 불러. 병인박해 동안 전국적으로 8천 명이 넘는 천주교 신자들이 죽음을 당했는데, 이 중에 상당수가 한강의 양화나루 잠두봉에서 목이 잘렸어. 그래서 잠두봉은 절두산이라 불리게 되었고, 오늘날 절두산 순교성지가 된 거란다.

절두산 순교성지에는 병인박해 100주년 기념 성당과 절두산 순교자 기념탑, 한국 천주교 순교자박물관 등이 있어. 조선 최초의 가톨릭 성직자였던 김대건 신부의 동상과 다양한 기념물들이 전시된 야외 공간은 아름다운 풍광을 즐기며 산책하기에도 좋아. 한국천주교 순교자박물관과 형구·형틀 체험실에서는 천주교가 박해를 받은 모습과 당시 시대 상황을 살펴볼 수 있단다. 절두산 순교성지는 한강 시민공원과 연결되니, 시간이 좀 있다면 한강변을 걸어 보는 것은 어떨까? 시원한 강바람을 맞으며 아름다운 일몰을 볼 수도 있단다.

:: 알아 두기 ::
가는 길 지하철 2, 6호선 합정역 7번 출구로 나와 걸어서 10분이면 도착.
관람 소요 시간 약 1시간.
휴관일 매주 월요일.
추천 코스 한국천주교 순교자박물관과 형구·형틀 체험실을 둘러본 후에 야외 전시장을 둘러보면 좋아.

1862년 ● 진주 농민 봉기가 일어나다

1863년 ● 고종이 왕위에 오르다

1864년 ● 동학 창시자 최제우가 처형당하다

3부

조선 후기 서민과 여성의 삶

9교시 | **서민들의 일상생활, 예술이 되다** _ 가회박물관, 국립민속박물관
10교시 | **먹고살 만하니 노랫소리가 절로 난다** _ 국립국악박물관
11교시 | **조선 후기에 여성으로 살기** _ 국립여성사전시관
12교시 | **도저히 못 참겠다, 제멋대로 걷는 세금!** _ 진주성 촉석루

9교시

서민들의 일상생활, 예술이 되다

가회박물관, 국립민속박물관

> 조선 후기에 농업과 상업이 발달하면서 경제적으로 여유 있는 서민들이 생겨났어. 이들이 음악과 문학 등의 예술을 즐기기 시작하면서 서민들의 생활이 예술로 거듭나기 시작했단다. 무슨 소리냐고? 그 전까지는 충효 같은 유교적 덕목들을 주로 다룬 양반들의 예술이 전부였는데, 조선 후기에는 서민들의 일상생활을 소재로 삼은 예술이 등장한 거야.

자, 모두 모였니? 오늘의 현장 수업 장소는 서울 종로구 가회동에 있는 가회박물관이야. 자그마한 전통 한옥 전시실에서 다양한 민화를 만나 볼 수 있어. 들어가기 전에 잠깐, 대문에 붙어 있는 그림을 보자.

그림은 그림인데 왠지 글자처럼 생겼네. 잉어와 죽순, 부채와 꽃 등을 그렸는데, 전체적으로는 효도 효(孝) 자를 닮았어. 이렇게 그림을 이용해 한자를 표현한 민화를 '문자도'라고 불렀어. 민화는 소재에 따라 몇 가지 종류로 나눌 수 있는데, 호랑이와 까치를 그린 '작호도', 꽃과 새를 그린 '화조도', 한자를 변형한 그림인 '문자도', 목숨 수(壽) 자와 복 복(福) 자를 여러 번 반복해 그려 넣은 '백수백복도' 등이 있단다. 양반들이 충성과 절개를 상징하는 사군자

(매화, 난초, 국화, 대나무)를 주로 그렸다면, 서민들의 민화는 행복하게 잘 살고 싶은 바람을 담은 것이지. 가회박물관에서 하나하나 실물을 보며 설명하도록 할게.

 상민과 서민, 뭐가 다르지?

상민은 전에 배웠던 대로 양반, 중인, 상민, 천민으로 이루어지는 조선 시대 네 가지 신분 중 하나야. 백성의 대다수를 차지하는 사람들로 대부분 농사를 짓고 세금을 내서 나라 살림을 책임졌지. 서민이란 '아무런 벼슬이나 신분적 특권이 없는 보통 사람'을 뜻하는 말이야. 상민과 천민을 뭉뚱그려 부른다고 생각하면 쉬워. 요즘 신문이나 방송에 나오는 '서민'이라는 말은 조선 시대의 서민과 뜻이 조금 달라. 현대의 서민은 '경제적으로 중류층 이하의 넉넉하지 못한 사람들'을 가리키는 말이란다.

김홍도의 풍속화 속 조선 백성들

그럼 본격적으로 가회박물관을 둘러보기 전에 이 그림부터 살펴볼까? 조선 후기를 대표하는 화가인 단원 김홍도의 「씨름도」. 그림 가운데에는 두 명의 씨름꾼이 한창 시합 중이고, 이를 지켜보는 주변 사람들의 자세와 표정이 다양하구나. 오른쪽 위쪽에 자리 잡은 사람이 입을 벌리고 웃고 있는 것을 보니, 아마도 자신이 응원하는 선수가 이길 것 같은가 보지? 그 옆에는 비스듬히 기대어 편한 자세로 구경하는 사내가 있고, 또 그 옆에는 상투도 틀지 않은 아이들이 흥미진진한 표정을 하고 있네.

왼쪽 위에는 수염을 기르고 넓은 갓을 쓴 사람들이 무리를 지어 경기를 보고 있어. 표정도 다른 사람들보다 사뭇 근엄해 보이는 것이 양반들인 것 같아. 그중 한 사람은 부채로 얼굴을 가리고 있군. 아마도 상민들과 같이 어울려 씨름 구경을 하는 것이 조금 부끄러웠던 모양이야. 양반과 상

김홍도의 「씨름도」

민이 같이 어울리는 건 신분제가 흔들리는 조선 후기였기 때문에 가능한 모습이었을 거야. 김홍도는 정조 때인 18세기 후반 사람이거든. 양반들 아래에는 젊은 총각이 목에 나무 판을 매달고 무언가를 팔고 있어. 아무래도 구경꾼들을 상대로 엿을 팔고 있는 장사꾼인 것 같아. 그 아래로는 또 다른 구경꾼들이 저마다 편안한 자세로 씨름 경기를 구경하고 있고.

이 그림은 훌륭한 예술 작품이면서 동시에 이 시대의 생활상을 보여 주기도 해. 이 그림을 통해서 우리는 18세기 후반 조선의 씨름

시합 모습뿐만 아니라 사회 각층의 생활 모습도 알 수 있으니까. 이렇게 그 시대 양반이나 서민들의 살아가는 모습을 소재로 그린 그림을 '풍속화'라고 불러. 조선 후기에는 주로 서민들의 생활을 재미있고 생생하게 표현한 풍속화들이 많이 그려졌어. 그 전까지는 화가들의 눈 밖에 있었던 서민들의 모습이 당당히 예술의 소재로 쓰이기 시작한 거지.

 조선 후기 풍속화의 라이벌, 김홍도와 신윤복

김홍도와 함께 조선 후기 풍속화를 대표하는 화가는 신윤복이야. 조선 시대 궁궐에는 그림을 담당하는 도화서라는 부서가 있었어. 여기에 소속된 화가들을 화원이라 불렀는데, 이들은 궁궐의 각종 행사를 그림으로 남기는 일을 했어. 김홍도와 신윤복 역시 도화서의 화원으로 왕실의 그림을 주로 그렸지만, 다양한 풍속화도 남겼지. 그런데 이 둘의 그림 스타일은

신윤복의 「연못가의 여인」

사뭇 달라. 김홍도가 서민들의 생활 모습을 정감 있게 표현한 풍속화를 많이 남겼다면, 신윤복은 주로 양반들의 위선을 풍자하거나 남녀 간의 애정을 표현한 풍속화를 그렸단다.

민화의 단골 캐릭터, 까치와 호랑이

조선 후기에는 서민들의 생활이 그림의 소재가 되었을 뿐 아니라, 서민들 스스로 그림을 즐기기 시작했어. 이전에 양반들이 그런 것처럼 집 안을 그림으로 꾸미기 시작한 거야. 이렇게 서민들의 사랑을 받은 그림을 민화(民畵, 백성 민, 그림 화)라고 불러. 이건 그 전까지 양반들이 즐기던 그림과는 많이 달랐단다.

📖 민화는 조선 후기 서민들 사이에서 유행한 실용적인 그림이다. 민화는 전문적으로 그림을 그리는 사람뿐만 아니라 이름 없는 서민도 그렸으며, 소재가 다양하고 그리는 방법에 형식이 없었다. 민화는 일상생활 속에서 항상 볼 수 있는 해와 달, 나무, 꽃, 동물, 물고기 등을 소재로 삼아 행복하게 살고 싶은 서민들의 소망을 표현하였다.

작호도

귀엽다고 우습게 보면 안 돼~ 어흥!!

가회박물관 대문을 들어서면 가장 먼저 만나게 되는 그림이 작호도야. 좋은 소식을 전해 주는 동물인 '까치'와 나쁜 귀신을 쫓는 '호랑이'를 그린 민화지. 까치와 호랑이는 민화에 가장 자주 등장하는 단골 주인공들이란다. 조선 후기에는 수없이 많은 작호도가 그려졌어. 이건 민화가 화가의 개성을 중시하기보다는 그 그림을

화조도

통해서 행복하게 잘 살고 싶은 백성들의 바람을 담았기 때문이야. 그래서 비슷한 그림을 많이 그렸고, 누가 그렸는가는 중요하지 않았어. 그런데 앞의 그림에서 호랑이의 얼굴이 좀 이상하지 않아? 산천초목을 떨게 하는 무서운 모습이 아니라 왠지 귀여운 얼굴이네. 이처럼 민화에 등장하는 호랑이는 무섭다기보다는 귀엽거나 익살스러운 모습이었단다.

한옥 전시관 안으로 들어가면 또 다른 작호도와 함께 다양한 화조도를 볼 수 있어. 이름 그대로 '꽃'과 '새'를 그려 넣은 화조도는 부부가 화목하게 살고 싶은 바람을 담은 거야. 그래서 새를 혼자가 아니라 쌍으로 그려 넣은 거고. 그런데 똑같은 화조도라도 어떤 그림은 제법 잘 그렸는데 어떤 것은 마치 아이가 그린 것처럼 유치하기도 해. 민화는 화공(화가)이 그리기도 했지만 보통 백성들이 직접 그리기도 했기 때문이지. 이제 그림은 양반이나 화공뿐 아니라 이름 없는 서민들이 그리기도 했던 거야. 조선 후기에 들어서서 진정으로 서민 문화와 예술이 발달했다고 볼 수 있지.

조선 서민들이 사랑한 백자

음악과 문학, 그림으로 이어진 조선 후기 서민들의 예술적 취향은 도자기에까지 이르렀어. 이걸 눈으로 확인하기 위해서는 수업 장소를 국립민속박물관으로 옮겨야 해. 다행히 가회박물관에서 국립민속박물관까지는 걸어서 10분 정도밖에 안 걸리니 잠시만 걸어 보자. 걸으면서 선생님 설명을 들어 봐.

예전에 배웠던 고려청자는 세계적으로도 인정받은 예술품이지만, 일상생활에서 누구나 쓸 수 있는 것은 아니었어. 만드는 법이 까다롭고 비용이 많이 들었거든. 보통 백성들은 청자를 사용할 엄두도 못 냈지. 그러다가 조선 시대에 들어서면 청자 대신 분청사기

고려청자　　분청사기　　조선백자

를 만들게 돼. 분청사기는 청자를 만들 때 쓰던 회색 흙으로 도자기를 만들고 그 위에 흰색 흙을 덧발라 구운 자기야. 청자에서 백자로 가는 중간 단계로 볼 수 있지. 그리고 마침내 조선을 대표하는 순백색의 백자를 만들게 된 거야.

> 조선 시대에는 색과 모양이 단순하고 꾸밈이 거의 없는 백자가 유행하였다. 흰 바탕에 푸른색으로 나무, 꽃, 새 등을 그린 청화 백자도 많이 만들어졌다. 백자는 실용성을 강조해 만들어져 서민들도 일상생활에서 폭넓게 사용하였다.

청자가 고려의 상징이라면 조선의 대표 도자기는 백자인 셈이지. 고려청자와 조선백자는 색깔만 다른 것이 아냐. 귀족들의 전유물이었던 청자와는 달리, 백자는 서민들도 일상생활에서 편하게 사용할 수 있었단다. 국립민속박물관의 '한민족의 생활사' 전시실에서 도자기들을 볼 수 있으니 한번 들러 보자.

조상들의 슬기가 담긴 생활용품들

백자와 함께 조선 시대 서민들이 즐겨 사용했던 그릇이 또 있어. 보통 항아리라고 불리는 옹기가 그것이야. 옹기는 백자보다 훨씬 크게 만들어 음식을 보관하는 용도로 사용했단다.

옹기에는 우리 조상들의 슬기가 담겨 있기도 해. 옹기는 숨을 쉬는 친환경 그릇이거든. 그릇이 어떻게 숨을 쉬느냐고? 옹기를 만드는 흙에 들어 있는 모래 알갱이가 그릇에 작은 구멍을 만들고, 그 구멍을 통해 안과 밖의 공기가 통했으니까. 그래서 옹기 안에 곡식을 담으면 잘 썩지 않아 오래 보존할 수 있고, 김치나 된장, 고추장 등을 넣으면 천천히 잘 발효되었던 거야. 더구나 옹기는 그 재료가 모두 자연에서 쉽게 구한 것이기 때문에 쓰다가 깨져서 버리더라도 자연에 해를 끼치지 않는 친환경 그릇이었어.

이처럼 조선 후기에는 백자와 옹기뿐 아니라 아름답고 쓸모 있는 생활용품들이 다양하게 등장해. 서민들의 문화 수준이 높아졌기 때문이지. 대표적인 것들이 나전 칠기와 떡살, 조각보 같은 것들이야.

나전 칠기

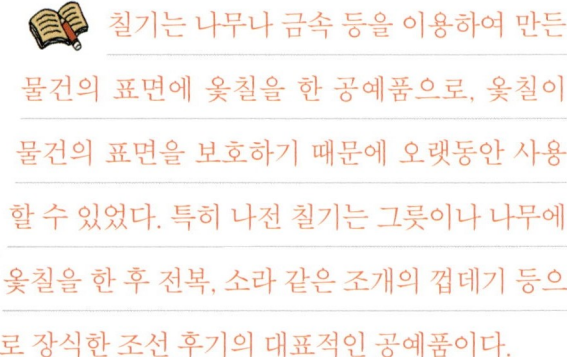

칠기는 나무나 금속 등을 이용하여 만든 물건의 표면에 옻칠을 한 공예품으로, 옻칠이 물건의 표면을 보호하기 때문에 오랫동안 사용할 수 있었다. 특히 나전 칠기는 그릇이나 나무에 옻칠을 한 후 전복, 소라 같은 조개의 껍데기 등으로 장식한 조선 후기의 대표적인 공예품이다.

떡살

옻칠은 옻나무에서 나는 진액인 옻을 가구나 나무 그릇에 바르는 것을 말해. 칠기는 옻칠을 한 물건, 나전 칠기는 칠기를 아름다운 조개껍데기로 장식한 공예품을 가리키지. 또한 떡을 눌러 갖가지 무늬를 찍어 내는 떡살과 다양한 색깔의 조각 천을 이어 만든 보자기 등을 통해 우리 조상들의 멋과 슬기를 엿볼 수 있어.

국립민속박물관에서는 멋지고 쓸모 있는 생활용품 몇 가지를 더 볼 수 있어. 우선 다양한 모양과 재질의 신발들. 조선 시대 서민들은 평상시에는 짚신을, 비가 오는 날에는 나막신을, 특별한 날에는 예쁜 꽃신을 신었단다. 옹기뿐 아니라 나무와 짚으로도 다양한 모양과 크기의 그릇들을 만들어 썼고. 어때? 조선 후기의 생활용품들은 쓸모도 있지만 모양도 예쁘지 않아?

조선 후기의 생활용품

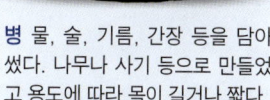

대접·사발·접시 사기, 은, 놋쇠, 나무 등으로 다양한 모양의 그릇을 만들었다. 사기로 만든 국그릇이나 밥그릇을 사발, 사발보다 커서 면 등을 담는 그릇을 대접이라 한다.

함지 커다란 나무의 속을 파서 만들었다. 음식을 담거나 버무릴 때 두루 사용했다.

병 물, 술, 기름, 간장 등을 담아 썼다. 나무나 사기 등으로 만들었고 용도에 따라 목이 길거나 짧다.

전골냄비 전골을 만들 때 불 위에 직접 얹어 사용하던 냄비. 우묵한 곳에 채소를 넣어 데치고 평평한 곳에 고기를 구웠다.

부채 여름철뿐 아니라 다른 계절에도 여러 용도로 중요하게 사용된 일상용품이다. 둥근 모양의 둥글부채와 접을 수 있는 쥘부채가 있다.

나막신 나무를 파서 만든 신. 비가 오는 날이나 땅이 진 곳에서 신었다.

녹피혜 사슴 가죽으로 만든 신으로, 맑은 날 마른 땅에서 신었다.

당혜 여성용 신으로, 겉은 비단으로 화사하게 장식했다.

짚신 짚으로 엮어 만든 신. 주로 서민들이 신었고 상을 치를 때 신기도 했다.

진신 진 땅에 신는 가죽신으로, 가죽을 기름에 절여서 만들었다.

 역사 현장 탐사

구불구불 골목길 시간 여행, 가회박물관과 북촌

북촌

　가회박물관은 아주 자그마한 박물관이야. 천천히 둘러봐도 15분이면 모두 돌아볼 수 있지. 구경을 다 마쳤으면 박물관에서 주는 차를 마시고, 가회박물관이 있는 북촌 마을을 천천히 걸어 보도록 하자. 먼저 북촌 이정표를 한번 읽어 볼까? 가회민화박물관, 동림매듭박물관, 인문학박물관, 한상수자수박물관, 젓대공방……. 북촌에는 정말 독특하고 작은 박물관과 전시관이 가득하네.

　야트막한 기와집들이 이어지니 시간이 좀 천천히 흐르는 것 같기도 하고, 옛날 조선 시대로 돌아온 것 같기도 하지? 북촌(北村)은 글자 그대로 북쪽 마을이란 뜻이야. 3권에서 한 번 설명했는데 기억나니? 청계천을 중심으로 조선 시대 한양을 남북으로 갈랐을 때 북쪽에 있는 마을이라서 이런 이름이 붙었지. 조선의 양대 궁궐이었던 경복궁과 창덕궁 사이에 있어서 궁궐로 출퇴근이 편하고, 북악산의 남쪽 면이라 자연스럽게 남향 집을 지을 수 있어서 조선 시대에는 높은 벼슬아치들이 모여 살았어.

가회박물관 입구(왼쪽)와 내부(오른쪽)

 그래서 북촌에는 문화재로 지정된 건물들이 많아. 우리나라 최초의 대중 목욕탕도 이곳 북촌에 처음 문을 열었고. 최근에는 문화 예술인들이 모여들어 작은 갤러리와 박물관이 곳곳에 생겨났어. 여기에 한옥을 그대로 살리면서도 현대적인 인테리어를 가미한 카페들과 레스토랑들까지 들어서서 북촌의 독특한 색깔을 만들어 내고 있단다.
 그런데 지금 여기에 있는 한옥은 대부분 조선 시대의 것이 아니야. 일제 강점기에 만들어진, 일종의 개량 한옥이지. 조선 시대 한옥들은 이보다 훨씬 더 컸어. 조금 전에 이야기했듯이 북촌은 벼슬이 높은 사람들이 모여 사는 동네였거든.
 북촌이 있었으니 남촌도 있었겠지? 청계천 이남의 남산 자락에는 중하위 관리들과 벼슬을 얻지 못한 선비들이 살았어. 그리고 북촌과 남촌의 중간인 중촌에는 통역관이나 의관 같은 중인들이 모여 살았고.
 시간 여행을 하니 배가 더 고프구나. 북촌 구석구석에는 예쁘고 맛있는 식당들이 가득하니까 쉬엄쉬엄 다니다가 마음에 드는 집에 들어가서 맛있는 음식을 배불리 먹자.

:: 알아 두기 ::
가는 길 지하철 3호선 안국역 2번 출구에서 걸어서 15분.
관람 소요 시간 가회박물관은 15분, 북촌까지 돌면 약 2시간.
휴관일 가회박물관: 매주 월요일.
추천 코스 가회박물관을 보고 언덕길 끝까지 올라가서 북촌 한옥마을의 아름다운 전망을 본 다음, 삼청동 길로 내려오면 좋아.

10교시
먹고살 만하니 노랫소리가 절로 난다

국립국악박물관

제비 몰러 나간다~

얼씨구!

> 경제적으로 여유가 생긴 서민들이 즐긴 것은 그림만이 아니었어. 그들은 판소리와 탈놀이 같은 음악과 춤을 즐기고, 사설시조와 한글 소설 같은 문학도 즐겼단다. 원래 배가 부르면 노랫소리가 절로 나고, 시간이 남으면 재미난 이야기를 찾게 마련이거든.

지난 시간에 그림을 보았으니 오늘은 음악을 감상해 볼까? 그래서 오늘은 여기로 왔어. 서울 서초동에 있는 국립국악박물관. 이곳에선 우리 조상들이 즐겼던 음악에 대한 거의 모든 것을 알아볼 수 있지. 궁궐에서 연주하던 궁중 음악, 양반들의 음악뿐 아니라 서민들이 일상생활에서 즐겼던 음악까지 말이야.

국립국악박물관에 들어가기 전에 잠깐, 저기 입구 앞쪽에 있는 동상부터 살펴볼까? 조선 시대 선비들이 썼던 정자관을 쓴 인물상 아래에 '동리 신재효 선생상'이라고 쓰여 있네. 신재효는 조선 말기에 그때까지 전해져 내려오던 판소리를 체계적으로

내가 바로 판소리의 아버지!

신재효 동상

정리한 사람이야. 조선 후기에 생겨난 판소리 작품은 원래 열두 마당이 있었지만, 입에서 입으로만 전해 내려오면서 저마다 내용이 달라 혼란스러웠거든. 신재효는 그중 여섯 마당을 골라 체계적으로 정리했지.

 원래 판소리 작품은 열두 마당이 있었으나 현재는 춘향가, 심청가, 흥부가, 적벽가, 수궁가 등 다섯 마당만 전해지고 있다.

여기서 '마당'이란 판소리 작품을 세는 단위야. 판소리는 마당에서 부르는 노래 공연이었기 때문에 이런 이름이 붙었지. 신재효가 정리한 것은 여섯 마당이었지만 그중 하나가 사라지면서 다섯 마당만 남게 된 거란다.

인기 가수 부럽지 않았던 판소리 명창들

여러분 중에 판소리를 들어 본 사람이 있니? 텔레비전에서 본 적이 있다고? 그것도 나쁘진 않지. 하지만 판소리 같은 민속 음악은 공연장에서 직접 보고 들으면 완전히 다른 느낌이야. 텔레비전을 통해 보면 자칫 지루하기 쉬운데 공연장에서 보면 아주 재미있단다. 왜 그럴까? 판소리 공연은 정해진 노래와 말을 그대로 하는 것이 아니라, 관객들과 호흡을 같이하면서 즉흥적으로 만들어 나가는 공연이거든.

판소리는 주로 사람들이 많이 모이는 장이나 농촌 마을에서 공연되었다. 소리꾼이 즉흥적으로 내용을 더하거나 뺄 수 있고, 관중들도 함께 참여할 수 있었기 때문에 서민들에게 큰 호응을 얻었다.

판소리 공연은 소리꾼 한 명과 북을 치는 고수 한 명으로 이루어져. 소리꾼이 노래(소리)를 중심으로 말(아니리)을 넣거나, 몸짓(발림)을 하면서 극을 이끌어 나가지. 장단에 맞춰서 북을 치는 고수는 중간중간에 '얼씨구' '좋다' 같은 추임새를 넣는데, 이러한 추임새는 고수뿐 아니라 관객들이 넣기도 한단다. 소리꾼과 관객이 서로 교감하면서 공연을 만들어 나가는 거야. 요즘으로 치면 '1인 뮤지컬'이라고 볼 수 있지. 그것도 관객들과 함께 즉흥적으로 만들어 나가는 1인 뮤지컬.

소리꾼 한 명과 고수 한 명으로 이루어지는 판소리

언제 봐도 재미있는 판소리 다섯 마당

춘향가

성춘향과 이몽룡의 사랑 이야기. 전라도 남원 고을의 사또 아들 이몽룡이 기생 월매의 딸 성춘향을 보고 한 눈에 반했어. 둘은 혼인을 약속했지만, 이몽룡이 과거 시험을 보러 서울로 떠난 뒤에 새로운 사또가 부임하여 춘향이에게 자신과 하룻밤을 지낼 것을 요구해. 이미 지아비가 있다며 거부하는 춘향이를 사또가 감옥에 가두고 못살게 구는데, 과거에 장원 급제하고 암행어사가 된 이몽룡이 돌아와 춘향이를 구해 내게 된단다.

심청가

심청이는 눈먼 아버지를 지극히 보살피는 효녀야. 그런데 절에 바칠 공양미 300석만 있으면 아버지가 눈을 뜰 수 있다는 이야기를 듣고, 자청해서 바다의 용왕에게 바쳐질 제물로 팔려 가게 된단다. 심청이는 바다에 빠졌지만, 그 효심을 어여삐 여긴 옥황상제의 도움으로 왕비의 자리에 올랐어. 그리고 아버지를 찾기 위해 전국의 맹인들을 불러 모아 잔치를 벌이지. 잔치에서 심청이를 만난 아버지의 눈이 번쩍 뜨이게 되어 모두 오래오래 행복하게 잘 살았대.

흥부가

옛날, 흥부와 놀부 형제가 살았어. 착한 동생 흥부는 부러진 제비 다리를 고쳐 주었는데, 그 제비가 물어다 준 박씨를 심었더니 금은보화가 가득한 박이 열렸대. 그 소식을 들은 못된 형 놀부는 일부러 제비 다리를 부러뜨리고 다시 고쳐 주었는데, 그 제비가 물어다 준 박씨를 심으니 도깨비들이 잔뜩 든 박이 열렸지. 결국 알거지가 된 놀부를 흥부가 보살펴 주어서 행복하게 잘 살았다는 이야기야.

적벽가

소설 『삼국지연의』 알지? 적벽가는 거기에 나오는 유명한 적벽 대전 이야기를 소재로 만든 거야. 유비·관우·장비가 의형제를 맺은 후 제갈공명을 모셔 와 적벽 대전에서 조조의 군사를 크게 이기고, 관우가 조조를 사로잡았다가 다시 놓아주는 내용이지. 조조는 100만 대군을 이끌고 쳐들어왔는데, 제갈공명이 계략을 써서 이를 물리쳤단다. 어떻게? 친구인 방통을 조조한테 보내서 배들을 묶게 한 다음, 그걸 몽땅 태워 버렸거든. 잘 불지 않던 동남풍이 때마침 불어 준 덕분이었지. 이건 제갈공명이 하늘에 동남풍을 불게 해 달라고 빈 덕분이었대.

수궁가

옛날, 용왕이 병에 걸렸는데 의사가 토끼 간이 특효약이라고 했어. 용궁 벼슬아치였던 별주부(자라)는 육지까지 나와서 토끼를 속여 용궁으로 데려갔지. 그런데 속은 것을 안 토끼가 간을 집에다 놓고 안 가져왔다고 거짓말을 한 거야. 토끼는 꾀를 내어 용왕을 속이고 겨우 목숨을 구해 육지로 살아 돌아올 수 있었단다.

탈춤, 조선 시대 풍자 코미디

'서민음악실'로 들어가 보자. 이곳은 이름 그대로 조선 시대 서민들이 즐겼던 음악을 보여 주는 전시실이야. 들어가자마자 오른쪽에 탈들이 보이지? 어떤 탈은 무섭게, 또 다른 탈은 재미있게 생겼네. 수염까지 제대로 달린 사자탈도 보이고. 판소리와 더불어 서민들이 즐겼던 문화가 바로 탈놀이였어.

📖 탈춤이라고도 불리는 탈놀이는 주로 장터나 사람들이 많이 모이는 곳에서 공연되었다. 서민들의 생각과 감정을 솔직하게 표현하여 인기가 많았는데, 주로 양반들의 겉과 속이 다른 면을 비꼬거나 놀리는 내용을 담았다. 현재까지 남아 있는 탈놀이 중에서는 봉산 탈춤, 송파 산대놀이, 하회 별신굿 탈놀이, 고성 오광대놀이 등이 유명하다.

어흥, 타락한 양반들은 한입에 먹어 줄 테다~!

사자탈

이렇게 겉과 속이 다른 것을 '위선'이라 하고 그런 사람들의 모습을 비꼬거나 놀리는 것을 '풍자'라고 해. 「벌거벗은 임금님」이라는 동화를 보면 어른들은 자기가 바보로 여겨질까 봐 거짓말을 하잖아? 결국 어린아이가 "임금님이 벌거벗었다!" 하고 외치면서 어른들의 잘못이 드러나게 되지. 이게 바로 풍자야. 특히 권력과 돈을 가진 계층의 잘못을 지적할 때 풍자를 많이 해. 조선 시대의 양반이 대표적인 풍자 대상이지. 평소에는 무서워서 양반들에 대해 말을 못 하지만, 탈을 쓰고 놀이를 하면서 양반들의 잘못과 위선에 대해 속 시원하게 떠들면, 코미디처럼 보는 사람을 크게 웃게 만들어. 이런 풍자 코미디의 대명사라 할 수 있는 안동 '하회 별신굿 탈놀이'의 내용 중 한 대목을 함께 감상해 볼까?

 양반: 나는 사대부의 자손인데.

 선비: 아니, 나는 팔대부의 자손인데.

 양반: 팔대부는 또 뭐야?

 선비: 아니, 양반이란 게 팔대부도 몰라? 팔대부는 사대부의 두 배이지 뭐.

(…)

 양반: 신분만 높으면 뭐해. 나는 사서삼경을 다 읽었어.

 선비: 뭐? 팔서육경? 도대체 팔서는 어디에 있으며, 육경은 또 뭔가?

 초랭이: 나도 아는 육경을 모른다는 말씀입니까? 팔만대장경, 장님의 안경, 머슴의 새경…….

지역별 탈놀이

봉산 탈춤

은율 탈춤

양주 별산대놀이

강령 탈춤

황해도(은율)
황해도(봉산)
황해도(해주)
경기도(양주)
서울(송파)
경상북도(안동)
경상남도(고성)

송파 산대놀이

고성 오광대놀이

하회 별신굿 탈놀이

얼쑤~
지화자~

사대부는 높은 벼슬아치를 가리키는 말이야. 사서삼경은 유교 경전들을 뜻하고. 팔대부와 팔서육경은 이를 비꼬아서 지어낸 거지. 장님의 안경, 머슴의 새경(봉급)을 유교 경전에 비교했으니 백성들이 보고 웃을 수밖에. 이건 놀고먹으면서 조상의 높은 벼슬이나 책 읽은 것을 자랑하는 양반들을 비꼬는 내용이야.

탈놀이가 조선 후기에 들어서 전국적으로 발달하게 된 것은 신분제가 흔들렸기 때문이기도 해. 얼마 전까지는 상민이었는데, 어느 날 갑자기 돈으로 양반이 되어 버린 사람이 거들먹거리면 얼마나 얄밉겠어? 처지는 상민과 다를 바 없이 몰락했지만 일을 할 생각은 안 하고, 책만 읽으면서 잘난 척하는 몰락 양반들도 한심하고. 그러니 이러한 풍자적인 탈놀이가 전국적으로 유행하게 된 것이지.

사랑과 현실을 노래한 사설시조

조선 후기에 들어서 발달한 서민 문화는 판소리와 탈놀이만 있었던 게 아니야. 그 전까지는 양반들이 만들고 즐기는 것으로 여겨졌던 문학도 서민들이 즐기기 시작했지. 서민들이 즐긴 대표적인 문학이 사설시조와 한글 소설이야.

원래 시조는 양반들의 문학이었어. 그러나 조선 후기에 들어서면서 좀 더 자유로운 형식으로 서민들의 감정을 솔직하게 드러내는 사설시조가 등장한 거야. 선비들의 충성심과 자연관(자연에 대한 생각)을 나타냈던 시조와 달리 사설시조는 남녀 간의 사랑이나 현실

사회에 대한 비판 등을 담고 있었지.

시조와 사설시조는 내용뿐 아니라 형식도 달랐어. 원래 시조는 그 형식이 3장(초장·중장·종장)으로 이루어져 있고, 3·4조나 4·4조의 운율을 엄격하게 지켰지. 하지만 사설시조는 형식도 운율도 자유롭게 표현했어. 무슨 말인지 잘 모르겠다고? 실제 작품을 보면 바로 이해가 될 거야. 우선 조선 전기의 대표적인 양반 시조부터 살펴보자.

> 이 몸이 죽어 가서 무엇이 될꼬 하니 (초장)
> 봉래산 제일봉에 낙락장송 되었다가 (중장)
> 백설이 만건곤할 제 독야청청하리라. (종장)

이 시조는 단종의 복위를 꾀하다가 세조에게 죽임을 당한 사육신 중 한 명인 성삼문의 작품이야. 형식을 보면 '이 몸이(3음절)/죽어 가서(4음절)/무엇이(3음절)/될꼬 하니(4음절)'처럼 한 장은 4음보(네 번 끊어 읽음)로 이루어져 있고, 3음절·4음절이 반복되는 3·4조, 혹은 4음절·4음절이 반복되는 4·4조의 운율을 엄격하게 지키고 있어. 내용은 단종에 대한 자신의 충성심을 표현했고. 낙락장송은 '크고 푸른 소나무', 백설은 '흰 눈', 만건곤하다는 '하늘과 땅에 가득하다', 독야청청은 '홀로 푸르다'는 뜻이야. 아무리 온 세상이 세조에게 복종한다 하더라도 자신만은 겨울에도 푸르른 소나무처럼 단종에 대한 충성을 지키겠다는 이야기지. 이처럼 조선 전기 양반의 시조들은 대부분 임금에 대한 충성심이나 선비의 굳은 절개를 표현했단다. 그럼 다음으로 조선 후기의 대표적인 사설시조 하나를 읽어 볼까?

> 개를 여라믄이나 기르되 요 개같이 얄미우랴.
>
> 미운 님 오면은 꼬리를 홰홰 치며 뛰어 올랐다 내렸다 반겨서 내닫고 고운 님 오면은 뒷발을 버둥버둥 물러서고 나오며 캉캉 짖어서 돌아가게 한다.
>
> 쉰 밥이 그릇그릇 난들 너 먹일 줄이 있으랴.

군데군데 옛날 말투가 들어가긴 했지만 이해하는 데 큰 무리는 없을 거야. 풀이하자면 개를 열 마리 넘게 키우는데, 그중 한 마리가 미운 사람이 오면 반겨 맞고, 사랑하는 님이 오면 컹컹 짖어서 내쫓으니, 밥이 쉬어서 버릴지언정 너 같은 개한테는 안 주겠다는 내용이지. 조선 전기 성삼문의 시조와는 내용도 형식도 확실히 다르지? 형식은 자유롭고 내용도 개인적인 감정을 솔직하게 표현했으니까. 이렇게 조선 전기까지는 양반들만 쓰고 즐겼던 시조를, 조선 후기가 되면서 서민들도 즐기게 된 거란다.

베스트셀러 한글 소설

조선 전기에는 시조뿐 아니라 소설도 양반들만 볼 수 있는 것이었어. 아니, 양반이 아니고서는 책 자체를 쉽게 접할 수 없었지. 하지만 조선 후기가 되면서 상황은 바뀌게 돼. 백성들도 읽을 수 있는 한글 소설이 등장했거든.

📖 조선 후기에 경제적으로 여유가 생긴 서민들이 늘어나면서 교육과 문화에 대한 욕구도 커져 갔다. 서당이 늘어나고, 돈을 받고 책을 빌려주는 곳이 생기는 등 서민들도 교육과 문학을 접할 기회가 많아졌다. 또 한글을 익힌 여성들도 늘어났다. 그리하여 여성과 서민을 대상으로 하는 한글 소설이 널리 보급되었다.

김홍도의 「담배 썰기」

우아, 조선 시대에도 돈을 받고 책을 빌려주는 도서 대여점이 있었다니! 이런 곳을 '세책점'이라고 했어. 그것뿐만이 아니야. 돈을 받고 책을 읽어 주는 사람도 있었단다. 이런 사람을 '전기수'라고 불렀는데, 사람들이 많이 모이는 장터에는 으레 전기수들이 한자리를 차지하고 사람들에게 소설을 읽어 주었어. 그런데 이들은 단순히 소설을 읽어 주는 것을 넘어서 스스로가 등장인물이 되어 실감 나는 연기를 보여 주었어. 그래서 전기수 주변에는 언제나 사람들이 모여들었다고 해.

조선 후기를 대표하는 한글 소설로는 『홍길동전』『춘향전』『심청전』『흥부전』『장화홍련전』 등이 있어. 어라? 그런데 『춘향전』『심청전』『흥부전』은 아까 판소리 다섯 마당에 들어 있던 작품들이네? 맞아. 이것들은 원래 판소리에서 출발해 소설이 된 거야. 그래서 '판소리계 소설'이라고도 불리지. 요즘 소설이 영화가 되고 만화가 드라마도 되듯이, 옛날에도 하나의 이야기가 판소리가 되었다가 소설이 되기도 한 거야.

허균이 쓴 『홍길동전』은 우리나라 최초의 한글 소설로 알려져 있어. 연산군 때 실존했던 홍길동이라는 인물을 주인공으로 삼아 쓴 작품이지.

한글로 쓰인 『홍길동전』

『홍길동전』의 내용은 모두 알고 있지? 모른다고? 이런!

때는 조선의 세종 대왕 시절. 좌의정의 아들로 태어난 홍길동은 무예가 뛰어났어. 게다가 바람을 타고 하늘을 날고, 원하는 것으로 몸이 변하는 도술까지 부릴 수 있었지. 우아, 그러면 높은 벼슬에 올랐겠지? 하지만 현실은 그렇지 않았어. 홍길동은 첩의 자식이었거든. 과거를 볼 수도 없었고, 아버지를 아버지라고 부를 수도 없었지. 이런 상황에 불만을 품고 집을 나가서는 도적들을 모아 그 우두머리가 되었어. 그런데 그냥 도적들이 아니야. 못된 관리들의 재물을 빼앗아 가난한 백성들에게 나누어 주는 의적(의로운 도적)이 되었단다. 조정에서는 홍길동을 잡으려고 했지만, 그의 뛰어난 도술 때

문에 번번이 실패했어. 결국 홍길동은 자신을 따르는 무리들을 이끌고 남해의 섬으로 가서 율도국이라는 나라를 세워서 모두 행복하게 잘 살았대.

내용이 이러했으니, 당시 지배층이었던 양반보다는 백성들이 좋아하는 것이 당연했지. 이렇듯 한글 소설에는 지배층에 시달리던 백성들이 좋아할 만한 내용이 많았단다. 그러고 보면 한글 소설뿐 아니라 사설시조나 판소리, 탈놀이도 모두 백성들이 원하는 내용을 쉽게 즐길 수 있는 방식으로 꾸며 냈기에 백성들의 사랑을 받은 거였어.

소설 주인공이 된 도적들

홍길동이 실존 인물이었던 걸 알고 있니? 백성들이 먹고살기 힘들었던 조선 시대에는 늘 도적들이 많았어. 그중에는 못된 부자들의 재물을 빼앗아 가난한 백성들에게 나누어 준 의적으로 유명한 사람들도 있었지. 의적들 중 유명한 인물은 연산군 때의 '홍길동'과 명종 때의 '임꺽정', 숙종 때의 '장길산' 등이야. 이들은 모두 훗날 소설의 주인공이 되어 더욱 유명해졌단다.

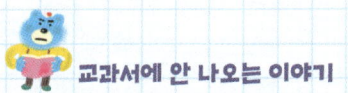
교과서에 안 나오는 이야기

조선 후기 '세책 소설' 베스트셀러

세책점이란 조선 후기에 등장한 일종의 도서 대여점이다. 서울에 30곳 넘게 문을 열어 주로 한글 소설이나 중국 소설의 번역본을 유료로 빌려주었다. 인기가 무척 많아 당시 사람들은 빚을 내서 책을 빌려 볼 정도였다고 한다. 세책점의 인기 소설들을 국내와 해외로 나누어 소개한다.

국내 소설 VS 해외 소설

『구운몽』
서포 김만중 선생의 역작! 발간 즉시 부동의 베스트셀러 1위! 인생은 한바탕 꿈만 같다는 도교의 세계관을 바탕으로 한 판타지 로맨스 소설.

『임경업전』
병자호란의 잊혀진 영웅, 임경업 장군을 되살린 대하소설. 삼전도의 굴욕을 속 시원히 날려 버릴 박진감 넘치는 임경업 장군의 승리가 펼쳐진다.

『홍길동전』
한글 소설의 영원한 고전. '아버지를 아버지라 부르지 못하고'라는 유행어를 낳았다.

『장화홍련전』
순진한 장화 홍련 자매와 그녀들을 몰아내려는 새엄마가 빚어낸 비극. 계모들의 이미지를 실추했다는 비난을 받고 있지만 여전히 인기 있는 소설.

『삼국지연의』
더 이상 설명이 필요 없는 조선인의 필독서. 『삼국지연의』를 읽지 않은 사람과는 대화도 하지 마라!

『수호전』
나라가 혼란할수록 영웅은 많아진다. 양산박에 모여든 108 영웅의 운명은?

『서유기』
판타지 소설의 원조. 손오공과 삼장 법사, 저팔계와 사오정의 모험담이 펼쳐진다.

『봉신연의』
『서유기』의 뒤를 잇는 또 하나의 판타지 소설. 구름을 타고 도술을 부리는 영웅들의 이야기가 펼쳐진다.

『초한연의』
중국 초나라 항우와 한나라 유방의 전쟁이 눈앞에서 벌어지는 듯 생생하다. 이 소설의 내용이 장기의 모티프가 되었다.

 **역사 현장 답사**

천년의 역사를 지닌 국악을 한눈에, 국립국악박물관

궁중음악실(왼쪽)과 원류음악실(오른쪽)

    피아노를 쳐 본 적 있니? 아마 대부분의 친구들이 쳐 봤겠지. 그렇다면 이런 건 어떨까? 북, 장구, 꽹과리, 징……. 이것들도 음악 시간에 한번 쳐 봤다고? 그럼 축, 편경, 요고는? 어라, 이게 뭐냐고? 이것들도 우리 전통 국악기들이야. 서양 악기 못지않게 아름다운 소리를 내는 우리 악기들. 또 뭐가 있는지 알아볼까? 서울 서초동에 있는 국립국악박물관에서!

    국악박물관 문을 열고 들어서면 넓은 공간이 나오는데, 여기가 바로 '궁중음악실'이야. 주로 조선의 궁궐에서 연주하던 음악과 춤에 관련된 악기와 자료를 전시해 놓았지. 유교 국가 조선에서 음악은 아주 중요했어. 특별한 날에만 음악을 연주한 것이 아니라 왕은 늘 음악과 함께 생활했단다. 일찍이 공자께서 '나라를 잘 다스리기 위해서는 음악을 바로 세워야 한다.'라고 강조하셨거든. 조선의 궁중 음악인 '아악'은 단순히 듣고 즐기는 것이 아니라 마음을 다스리고 바른 정치를 하는 데 없어서는 안 될 요소였단다.

궁중음악실에서 짧은 계단을 오르면 나오는 '서민음악실'에서는 일상생활에서 쓰는 도구들을 그대로 활용한 악기들을 볼 수 있어. 서민음악실 한쪽에, 물을 절반쯤 담은 커다란 물그릇에 빈 바가지를 엎어 띄운 것이 보이니? 이것의 이름은 '물장구'야. 말 그대로 물과 바가지를 이용해 즉석에서 장구를 만든 것이지. 이래 봬도 왼손, 오른손을 잘 이용해 치면 제법 장구에 버금가는 소리를 낼 수 있단다. 장구가 귀했던 예전에는 어느 지방에서나 흔히 볼 수 있었지만 요즘은 장구가 흔해져 오히려 물장구를 찾아보기가 더 힘들어졌어. 그 옆에 있는 '물허벅'은 더 간단해. 원래 물을 담아 나르던 질그릇 통에 물을 채우고 두드리기만 하면 훌륭한 리듬 악기가 되거든.

국악박물관에는 국악기 말고도 볼 것이 많아. '세종음악실'에서는 아악을 정리하고, 직접 정간보라는 악보를 만들기도 한 세종의 음악

물장구(왼쪽)와 물허벅(오른쪽)

적 업적을 살펴볼 수 있어.

자, 이제 국악기들에 어느 정도 친숙해졌다면 공연에 도전해 보는 것은 어때? 국립국악원에선 매주 토요일 공연이 있어. 홈페이지(gugak.go.kr)에서 확인하고 예약을 하면 되지. 지금은 귀에 설어도 몇 번 듣다 보면 어느새 빠져들게 될 거야. 우리 국악은 그만큼 매력적이니까.

:: 알아 두기 ::

가는 길 지하철 3호선 남부터미널역 5번 출구로 나와서 마을 버스를 타고 국립국악원에서 내리면 돼.

관람 소요 시간 약 1시간.

휴관일 매주 월요일, 1월 1일.

추천 코스 1층 로비 중앙에 있는 궁중음악실을 먼저 둘러보고, 2층으로 올라가서 원류음악실, 서민음악실, 선비음악실, 세종음악실, 근현대음악실 순서로 보면 돼.

11교시
조선 후기에 여성으로 살기

> 조선 후기에는 상민이 양반이 되기도 하고 양반이 상민처럼 살기도 했지만, 남녀 간의 차별과 불평등은 전혀 바뀌지 않았어. 오히려 조선 전기에 비해 더욱 심해졌다고 볼 수 있지. 그 전에는 여자도 재산을 똑같이 상속받고 재혼을 할 수도 있었지만, 조선 후기에는 그럴 수가 없었거든. 이번 시간에는 조선 후기 여성들의 삶을 살펴보기로 하자.

  조선 후기 여성의 삶을 살펴보기 위해 찾은 곳은 경기도 고양시에 있는 국립여성사전시관이야. 역사 속 여성의 모습을 보여 주는 다양한 자료들을 전시하고 있는 곳이지. 여기서는 조선 시대뿐 아니라 근대부터 최근까지 여성들의 생활 모습을 알아볼 수 있단다. 이곳에는 조선 시대 여성의 일생을 8개의 그림으로 표현한 「평생도」라는 그림이 붙여진 병풍이 있어. 전시실에 있다가 아쉽게도 지금은 귀중품을 보관하는 창고로 들어갔지만, 선생님이 미리 찍어 놓은 사진이 있으니 같이 보기로 할까? 조선 시대 여성의 삶을 살펴보는 데 이만한 자료가 없거든.

  우선 첫 그림부터. 색동옷을 입은 어린아이가 상 위에 있는 물건들을 보고 있는 모습을 보니 돌잡이라도 하는 것 같네. 그런데 조선

김홍도의 「서당」

시대 여자아이는 남자아이와 다르게 키웠어. 예를 들어 남자아이는 침상 위에서 구슬을 가지고 놀게 하고, 여자아이는 침상 아래에서 실을 감아 놓은 실패를 가지고 놀게 했지. 남자아이에게는 글공부를 시켰고, 여자아이한테는 옷감 짜고 음식 만드는 것을 가르쳤어. 이런 차별은 아이가 자라는 내내 계속되었단다.

여기서 잠깐, 퀴즈 하나! 조선 시대 아이들은 서당에서 남녀가 따로 배웠을까, 같이 배웠을까? 남녀칠세부동석이었으니 당연히 따로 배웠을 것 같다고? 오호, 멋진 추리네. 하지만 땡! 그러면 같이 배웠다고? 아쉽지만 이것도 땡! 정답은 '조선 시대 여자들은 서당에 다니지 못했다.'야. 조선 시대에 서당이나 향교, 성균관 등에서 교육을 받는 것은 남자들만이 누리는 특권이었단다. 조선 시대에는 여성이 제대로 된 교육을 받을 수 없었어. 이렇게 여성을 차별하는 일은 조선 후기가 되면서 더 심해졌어.

📖 조선 시대에는 남성과 여성의 하는 일, 집 안에서 지내는 장소 등이 구분되었다. 이에 따라 어렸을 때부터 남성과 여성이 받는 교육도 구분되었다. 남성은 관리가 되기 위하여 주로 유교와 관련된 교육을 받았으나, 여성은 시집을 가서 자식을 기르고 일상생활을 할 수 있을 정도의 교육만 받

11교시 조선 후기에 여성으로 살기 195

왔다. 양반 여성은 시집의 제사 지내기, 손님 접대하기, 집안 관리하기 등의 일을 주로 하였고, 남편이 죽어도 재혼을 할 수 없었다.

3권 8교시에서 신사임당과 율곡 이이에 대해 설명하면서 조선 전기 여성의 지위에 대해 이야기했던 것, 기억나? 신사임당은 재주가 뛰어났지만 여성이라는 이유 때문에 벼슬에 오를 수는 없었다고 했지. 그래도 율곡을 강릉 친정집에 가서 낳을 수 있었고, 남편이 죽은 후에는 율곡을 포함한 아들딸들에게 재산을 공평하게 나눠 줬어.

하지만 조선 후기가 되면 여성들이 친정에 가는 것은 부모님이 큰 병에 걸렸을 때만 가능했고, 재산 상속은 꿈도 꿀 수 없게 되었어. '출가외인'이라는 말을 들어 봤니? 여자는 혼인해서 집을 떠나면 남이나 마찬가지라는 뜻이야. 그러니 집안 재산을 물려줄 수는 없다고 생각했겠지. 조선 초기까지 상대적으로 자유로웠던 여성의 재혼 또한 점점 어려워졌단다. 그러면 남성은? 아내가 죽으면 마음대로 재혼할 수 있었을 뿐 아니라, 아내가 있다고 해도 다른 여자를 첩으로 들일 수 있었어. 뭐 이런 말도 안 되는 경우가 있느냐고? 조선 시대에는 양반과 상민을 차별하듯 남성과 여성을 차별했거든.

그림으로 보는 조선 여성의 일생

조선 시대 여성의 일생을 표현한 그림들을 좀 더 볼까? 다음 그림은 혼인식을 마친 신랑과 신부가 시집으로 들어가는 모습이야. 우리

나라는 원래 전통적으로 혼례를 신부 집에서 했을 뿐 아니라 신방도 그곳에 차리고 오랫동안 머물렀어. 조선 초기만 하더라도 이렇게 처가살이를 하는 것이 흔했지.

하지만 조선 후기가 되면서 이런 전통은 점차 사라져. 여전히 혼례는 신부 집에서 했지만, 그곳에서 3일 동안만 머물고는 시집으로 갔던 거야. 그래서 혼례를 가리키는 말도 '장가를 가는 것'에서 '시집을 가는 것'으로 바뀌게 되었고. 아는 사람 하나 없는 시집에서 평생 살면서 여성은 남편만을 의지할 수밖에 없었지. 그래서 '삼종지도'라는 말이 나오게 된 거야.

삼종지도는 여자가 따라야 할 세 가지 도리로, '어렸을 때에는 아버지를 따르고, 결혼해서는 남편을 따르고, 남편이 죽은 후에는 아들을 따른다.'는 거라고 했었지? 여자는 평생 자기가 스스로 주인이 되지 못하고 늘 누군가를 따라야 한다는 이야기지. 조선 후기에는 삼종지도가 모든 여성이 지켜야 할 중요한 덕목이 되어 버렸어.

송규태의 「평생도」(부분)

송규태의 「평생도」(부분)

> 남녀칠세부동석?
> 상민은 그런 거
> 몰라~

위의 그림은 무슨 장면인 것 같니?

시집간 여자가 양반집 안주인이 되어 아랫사람을 마당에 세워 두고 뭐라고 이야기를 하는 모습이네. 아래쪽으로 작은 대문 바깥에 남자들이 있는 방이 보이지? 3권 8교시 때 이야기한 것처럼 조선 시대의 양반집은 여자들이 생활하는 안채와 남자들의 사랑채가 구분되었단다.

하지만 평범한 상민의 경우에는 달랐어. 바로 옆 그림에는 초가집 안마당에서 남녀가 함께 일하는 모습이 보이지? 이처럼 남자와 여자가 함께 일해야 하는 상민의 경우에는 남녀칠세부동석이라는 말이 지켜지지 않았던 거야. 하지만 이들의 경우에도 삼종지도는 철저히 따라야 했지. 여자이기 때문에 사회적 지위가 낮았을 뿐 아니라 상민이기 때문에 힘든 일까지 해야 했으니, 조선 시대 상민 여성으로 산다는 것은 이중으로 힘든 일이었어. 상민보다 신분이 낮은 여자 노비나 여종은 더 말할 것도 없었고.

 양반 여성과 달리 상민 여성은 집안일을 하면서 농사일도 하였다. 그리고 길쌈과 바느질을 해서 만든 면과 베로 세금을 냈다. 천민 여성들은 궁궐, 관청, 양반집 등에서 낮은 신분으로 힘든 일을 도맡아 하였다.

 **궁녀와 무수리**

궁녀의 공식 명칭은 '궁중 여관', 즉 '궁중에서 근무하는 여성 관리'라는 뜻이야. 궁녀는 어엿한 관리였거든. 하층민 여성들은 궁녀가 아니라 무수리로 일을 했어. 궁녀의 하인인 무수리는 대개 결혼한 사람들이었고, 궁궐 밖에 살면서 출퇴근을 했지. 이에 반해 일반 궁녀들은 한 번 입궐하면 죽어서야 궐 밖으로 나갈 수 있었어. 하지만 넓은 의미의 궁녀를 말할 때는 무수리를 포함하기도 한단다.

내 평생 후회는 남편과 결혼한 것

양반집 여성이라고 모두 상민이나 천민 여성보다 행복한 것은 아니었어. 특히 뛰어난 능력을 펼칠 기회가 없어서 불행해진 여성도 있었단다. 대표적인 사람이 허난설헌(1563~1589년)이야. 『홍길동전』을 쓴 허균의 누나인 허난설헌은 신사임당만큼이나 뛰어난 재주를 지녔지만 아주 불행한 삶을 살았지.

허난설헌은 어려서부터 글재주가 뛰어났다. 그러나 당시 사람들은 여성의 재능이 높이 평가되는 것을 좋아하지 않았다. 불행한 결혼 생활과 시집살이, 친정아버지와 두 자녀의 죽음으로 마음의 병을 얻은 허난설헌은 젊은 나이에 세상을 떠났다. 이후 허균은 그녀의 시를 모아 책으로 만들었다. 조선에서 인정받지 못했던 허난설헌의 시는 중국과 일본에서 높은 평가를 받았다.

국립여성사전시관에는 허난설헌의 초상화가 있어. 이 초상화에

허난설헌의 글씨와 그림을 볼 수 있는 「양간비금도」

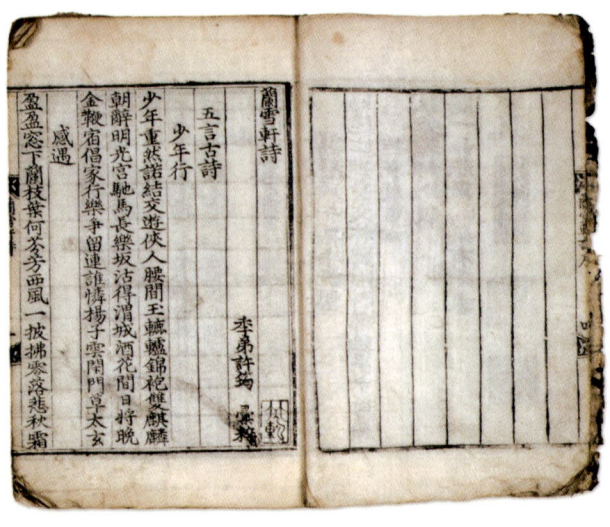
난설헌집

강원도 강릉에 있는 허난설헌 생가

서 허난설헌은 사뭇 당당한 모습이지만, 그의 삶은 불행했어. 물론 명문가에서 유복하게 자란 어린 시절은 그렇지 않았지. 아버지가 딸 교육에 신경을 쓴 덕분에 훌륭한 스승으로부터 제대로 교육을 받을 수 있었거든. 이것은 당시로서는 아주 드문 일이었어. 하지만 14세에 혼인하고부터 삶이 달라졌어. 과거에 낙방한 남편이 기생집만 떠돌면서 자연히 부부 사이가 나빠진 거야. 허난설헌의 글재주가 남편보다 뛰어난 것도 부부 사이가 안 좋아지는 데 한몫했겠지. 그러니 시어머니도 며느리를 미워했던 거고. 오죽했으면 허난

신윤복의 「부녀자의 나들이」

설헌이 "내 평생 후회한 일은 남편과 결혼한 것"이라는 말을 남겼다는 이야기가 전해질까? 결국 친정아버지와 어린 자녀들까지 세상을 뜨자 허난설헌도 마음의 병을 얻어 겨우 27세에 눈을 감고 말았단다.

허난설헌이 불행했던 것은 남편 때문만은 아냐. 자신의 능력을 발휘할 수 있는 길이 없었기 때문이기도 해. 능력을 발휘하기는커녕 조선 후기의 여성, 그중에서도 상류층 여성들은 바깥출입조차 마음대로 할 수 없었어. 외출할 일이 있으면 아버지나 남편의 허락을 받아야 했고, 밖에서는 기다란 겉옷으로 얼굴을 가리거나 가마를 타야 했단다. 여성의 얼굴을 가릴 수 있도록 길게 만든 옷을 '장옷'이라고 불렀어. 마치 요즘 이슬람 국가 여성들이 머리와 목 등을 가리려고 히잡 등의 쓰개를 두르고 다니는 것과 비슷하구나. 이런 상황에서 여성들 대부분은 글공부보다 바느질이나 수를 놓는 것을 훨씬 더 중요한 일로 여겼지. 그래서 조선의 왕비 중에서 한자를 읽거나 쓸 줄 몰랐던 사람도 있었대.

자신의 삶을 개척한 조선 여성

그렇다고 조선 후기의 여성들이 모두 숨죽여 지내거나 허난설헌처럼 불행했던 것은 아니야. 그중에는 어려운 상황 속에서도 스스로의 삶을 개척해 나간 여성들도 있었단다. 대표적인 인물은 정조 때 제주도에 살았던 김만덕(1739~1812년)이야.

> 김만덕은 제주의 상민 집안에서 태어났으나 어려서 부모님을 잃었다. 김만덕을 아끼던 기생은 만덕을 딸로 삼고, 기생으로 이름을 올렸다. 어른이 된 김만덕은 관청에 가서 자신은 본래 상민이니 기생의 신분에서 벗어나게 해 달라고 간청하였다.

와, 여기까지만 읽어도 보통 여성이 아니구나, 하는 느낌이 드네. 조선 시대의 기생은 천민이었어. 천민이 신분 상승을 한다는 것은 아주 어려운 일이었지. 김만덕의 요청은 당연히 거절되었어. 하지만 그녀는 포기하지 않고 끈질기게 요구를 했어. 나중에는 제주도에서 제일 높은 관리인 제주 목사를 직접 찾아가 간곡히 이야기를 했대. 결국 이러한 노력 덕분에 김만덕은 천민에서 상민이 될 수 있었단다. 상민이 된 후에 그녀의 인생은 어땠을까?

> 기생 신분에서 벗어난 김만덕은 상인을 상대로 장사를 하며 큰 이익을 얻었다. 제주에 큰 흉년이 들어 많은 사람이 굶어 죽게 되자 만덕은 그동안 모은 돈으로 쌀을 사서 굶주린 사람들에게 나누어 주었다.

김만덕이 기생 신분에서 벗어나자 주변 사람들은 모두 그녀가 혼인을 할 거라고 생각했대. 하지만 그녀는 한 남자에게 매여서 집 안에 있기보다는 장사를 선택했어. 그리고 큰돈을 벌었지. 때마침 제주도에 흉년이 들자 김만덕은 전 재산을 털어 쌀을 사서 가난한 사람들에게 나눠 주었어. 이게 얼마나 대단한 일이었던지 정조에게까지 보고가 되었다는구나. 감동한 정조는 신하에게 『만덕전』을 지어 김만덕의 선행을 널리 알리도록 했단다.

그런데 이게 이야기의 끝이 아니야. 정조는 김만덕에게 소원이 무엇이냐고 물어보았어. 김만덕은 "임금님이 계신 궁궐을 둘러보고, 금강산을 구경하는 것이 제 평생 소원입니다." 하고 대답했지.

당시 제주도 사람들은 마음대로 육지로 갈 수가 없었거든. 정조는 김만덕을 직접 궁궐로 불러 의녀 벼슬을 내렸고, 금강산 구경까지 시켜 주었단다. 정말 영화로 만들어도 손색이 없는 인생이었구나.

조선 후기에 여성으로 산다는 것

하지만 김만덕은 아주 예외적인 경우라고 봐야 해. 조선 후기에 대부분의 여성들은 자기가 원하는 삶을 살 수가 없었거든.

조선 후기 여성의 삶을 잘 보여 주는 아래 그림을 보자. 여자들은 외출할 때 장옷 말고도 기다란 치마를 뒤집어 쓰기도 했는데, 이걸 '쓰개치마'라고 불렀어. 또한 상류층 여자들이 타는 가마는 편리한 탈것이기도 했지만 얼굴을 가리는 수단이기도 했단다.

조선 시대에 남편을 잘 섬긴 아내를 '열녀'라고 부르며 열녀가 죽고 나면 비석인 열녀비를 내렸는데, 이것이야말로 가문의 영광이었지. 하지만 오늘의 눈으로 보자면 열녀 본인은 불행했단다. 정절을 잃을지도 모르는 상황에서는 몸에 지니고 있던 은장도로 스스로 목숨을 끊어야 했으니까. 그래야 열녀가 될 수 있었거든.

병자호란 때 청나라로 끌려갔던 여성들이 비난을 받았던 이유는 이렇게 스스로 목숨을 끊지 않았기 때문이었어. 그런데 이건 생각하면 생각할수록 말도 안 되는 이야기야. 청나라로 끌려간 여자들이 누구 때문에 이런 어려움을 겪게 되었는데? 전쟁을 일으키고 여자를 인질로 잡아간 청나라의 잘못이 제일 크지만, 자신의 아내를 제대로 지키지 못한 조선 남자들의 잘못도 그에 못지않아. 그러니 이건 잘못한 사람이 피해자를 비난하는 꼴이야. 이렇게 조선 후기에 여성으로 사는 것은 정말 여러모로 힘든 일이었단다.

조선 후기 여성에 대한 다음 설명 중 틀린 것은?

① 부모의 제사를 모실 수 있었다.
② '출가외인'이라 하여 친정 부모의 재산을 상속받을 수 없었다.
③ '삼종지도'를 지켜야 했다.
④ 아무리 재주가 뛰어나도 벼슬을 할 수 없었다.

정답 | ①번. 여자가 부모의 제사를 모실 수 있었던 것은 조선 전기의 일이야.

조선 여인들이 사용한 물건

노리개
장옷
향주머니
용잠
장도
경대
쓰개치마(처네)
떨잠

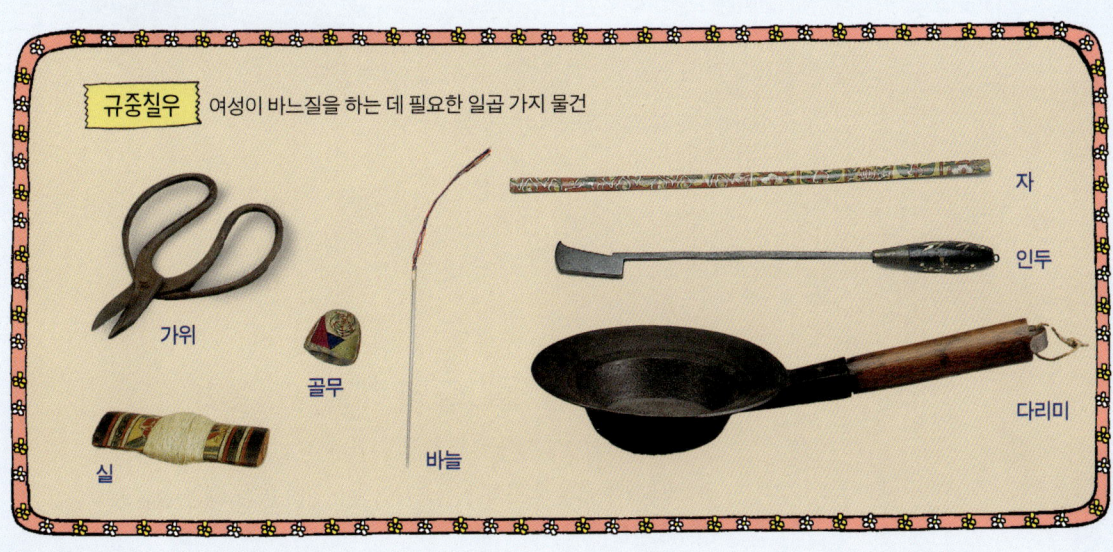

규중칠우 여성이 바느질을 하는 데 필요한 일곱 가지 물건

가위
골무
실
바늘
자
인두
다리미

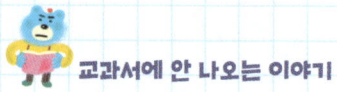 교과서에 안 나오는 이야기

김홍도의 풍속화로 재구성한 조선 후기 바우 엄마의 하루

조선 후기 상민 여성의 하루는 어땠을까? 조선 후기에 살던 바우 엄마의 일과를 김홍도의 풍속화를 이용하여 재구성해 보았다.

우물가

오전 5:00 새벽, 우물에서 물 긷다

배가 고파 우는 바우의 울음소리에 일어났다. 바우에게 젖을 먹이고 아침밥을 하러 부엌에 나왔는데, 마침 물이 떨어져 얼른 우물가로 가서 물을 길어 왔다.

오전 9:00 길쌈하다

아침 식사 후 바우 아버지는 일하러 논에 나가고 길쌈을 시작했다. 아직 올해 세금으로 낼 삼베 한 필을 다 못 짰다. 이번 달까지 내야 하니 빨리 짜야 한다.

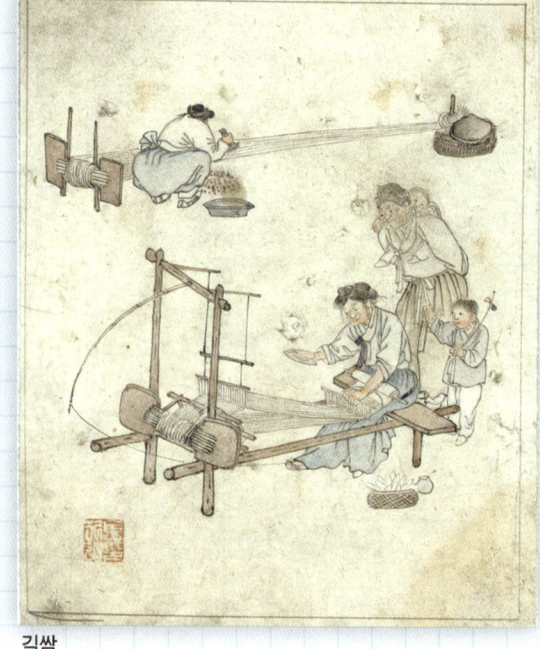

길쌈

점심

오후 12:00 점심, 들밥을 해 먹다

점심때 들밥을 지어 논일하는 데로 나갔다. 보통 하루 두 끼, 아침과 저녁에만 밥을 먹었지만 요즘처럼 농사일이 바쁠 때는 점심을 내가야 한다.

오후 1:00 제수를 장만하다

들밥을 먹고 설거지거리를 챙겨서 집으로 돌아오다가 행상 부부를 만났다. 내일모레 제사에 필요한 조기 두 마리를 샀다. 행상 여자는 바우보다 어린 아이를 업고 다니면서 장사를 한다.

행상

빨래터

자리 짜기

오후 4:00 빨래하다

집에 돌아와 빨랫감을 가지고 빨래터로 향했다. 장마가 끝난 지 얼마 되지 않아서 빨래가 많이 밀렸다. 오랜만에 동네 아낙들을 만나 이런저런 이야기꽃을 피웠다.

오후 7:00 물레질하다

저녁을 먹은 뒤에도 쉴 수 없다. 내일 길쌈을 하기 위해서 물레를 돌려 실을 만들어 놓아야 하기 때문이다.

 역사 현장 답사

여성의 역사를 찾아서, 국립여성사전시관

위안부 소녀상

분명 대한민국 역사의 절반은 여성이 만들었지만, 역사책에 등장하는 여성은 남성의 반의 반의 반도 안 되는 것이 현실이야. 가뜩이나 기록이 적게 남아 있던 여성의 역사는 조선 시대를 거치면서 더욱 빈약하게 되었단다. 앞서 살펴보았듯이 유교 국가 조선에서 여성의 사회적 지위는 더욱 낮아졌거든. 이렇게 어려운 환경 속에서도 꿋꿋이 살아온 여성들의 역사와 문화를 모아 놓은 곳이 바로 경기도 고양시에 있는 국립여성사전시관이야. 아직 박물관으로 불릴 정도의 규모는 아니지만 여성의 역사를 알차게 전시해 놓은 곳이지.

이곳의 1층은 기획전시실, 2층은 상설전시실이야. 상설

전시실은 크게 두 부분으로 나뉘어 있어. 하나는 고대부터 현대까지 우리나라 여성들의 역사를 훑어볼 수 있는 공간이고, 다른 하나는 지난 100여 년 간 우리 할머니와 엄마, 언니들의 삶을 다양한 테마로 묶어서 보여 주는 공간이야. 특히 여성들의 역사를 보여 주는 공간은 단순히 유물을 전시해 놓은 것이 아니라 영상과 음악, 터치 스크린 등을 이용해서 생생한 체험이 가능하도록 꾸며 놓았어. 그러면 고대부터 현대까지 우리 여성의 역사를 같이 한번 훑어볼까?

까마득한 옛날, 우리 땅에서 살아간 고대의 여성들은 다산과 풍요의 상징으로 숭배의 대상이 되기도 했어. 아기를 낳는 여인을 묘사한 신라의 흙인형(토우)을 보면 이런 사실을 알 수 있지. 남성들과 똑같이 재산을 물려받았던 고려 시대의 여성들은 직접 장사를 하기도 했고, 불교 행사에 자유롭게 참여하기도 하면서 불교 문화가 발달하는 데 큰 역할을 했어. 조선 후기에는 유교가 생활 속에 뿌리내리면서 여성들의 처지가 나빠졌지만 어머니이자 아내로 가정을 책임지고 꾸려 나갔고, 활발한 한글 사용을 통해 한글 문화를 꽃피우기도 했지. 대한 제국의 여성들은 '여권통문'이라는 여성 인권 선언문을 발표하면서 여성들의 권리를 찾기 시작했어. 일제 강점기에는 독립운동에 앞장섰고, 광복 이후에는 새 나라 건설에 나섰고, 6·25 전쟁 이후에는 폐허가 된 나라를 일으켜 세우는 데 중요한 역할을 했지. 그리고 21세기, 이제는 사회 각 분야에서 능력을 보이고 있단다.

전시관 내부

:: 알아 두기 ::
- **가는 길**: 지하철 3호선 화정역 4번 출구로 나와 걸어서 5분이면 도착.
- **관람 소요 시간**: 약 30분.
- **휴관일**: 매주 일요일, 공휴일, 설 연휴, 추석 연휴.
- **추천 코스**: 전시 공간이 넓지 않아서 입구부터 순서대로 둘러보면 돼.

12교시

도저히 못 참겠다, 제멋대로 걷는 세금!

조선 후기 백성들의 살림살이는 날이 갈수록 좋아졌을까? 아쉽게도 현실은 정반대였어. 영정조 시대를 거치면서 발전했던 조선은 정조가 세상을 뜬 뒤부터 사정이 나빠졌단다. 땅이 없는 백성들이 늘어나고 세금을 제멋대로 거두면서 생활이 어려워졌거든. 결국 살기 힘들어진 백성들은 벌 떼처럼 들고일어나기 시작했지.

저기 파란 하늘 아래 멋진 정자가 보이니? 이곳은 경상남도 진주를 대표하는 관광 명소인 촉석루야. 그 아래 흐르는 것이 남강이고, 촉석루를 둘러싸고 있는 것은 진주성이란다. 어때? 푸른 하늘과 강물 사이에 아름다운 정자가 있으니 한 폭의 그림이지?

하지만 우리 조상들이 이곳에 진주성을 쌓고 촉석루를 지은 것은 멋진 경치를 즐기기 위해서가 아니었어. 그렇다면? 외적의 침략을 막기 위해서였지.

다시 한 번 봐. 바위 언덕 위에 성을 쌓고, 그 아래 강물까지 흐르고 있으니 적군이 성을 공격하기가 여간 어렵지 않았겠구나. 반대로 성안에서 적을 막는 것은 식은 죽 먹기였겠군. 실제로 임진왜란 때는 이곳에서 4천 명이 채 되지 않는 병사와 백성이 2만 명이 넘는 왜군을 물리치기도 했단다. 이것이 바로 이순신 장군의 한산도 대첩, 권율 장군의 행주 대첩과 함께 '임진왜란 3대 대첩'으로 불리는 진주성 대첩이야. 그로부터 270년이 흐른 뒤, 진주성은 다시 한 번 수만 명의 사람들에게 포위되었어. 이번에는 외적이 아니라 조선의 백성들이 진주성을 둘러쌌지. 머리에는 흰 수건을 두르고 손마다 낫이나 몽둥이 같은 무기를 들고 말이야. 도대체 무슨 일이 있었던 것일까?

때려잡자, 탐관오리!

때는 1862년 2월 6일. 진주의 수곡 장터는 사람들로 발 디딜 틈 없이 붐볐어. 지난번에 배운 것처럼 조선 후기에는 시장이 발달했으니 그럴 만도 하지 않느냐고? 그런데 분위기가 좀 이상해. 수백 명의 사람들이 무서운 얼굴을 하고 장터 한가운데 모여 있는 것이 심상치가 않아. 드디어 그중 한 사람이 주먹을 휘두르며 외치기 시작했어.

"여러분! 저는 내평 마을에 사는 유계춘이란 사람이오. 이번에 못된 관리들이 떼어먹은 환곡을 우리 같은 백성들에게 걷는다는 소식을 들으셨소? 이젠 정말 더 못 참겠소! 우리 모두 힘을 합쳐 탐관오리들에게 본때를 보여 줍시다!"

임진왜란과 병자호란 이후 몰락한 양반들이 많아졌는데, 유계춘도 그런 사람 중 하나였어. 양반이었지만 농사지을 땅 한 평 없이

약초를 캐고 품을 팔아 먹고살아야 했지.

'환곡'이란 나라에서 백성들에게 빌려주는 곡식을 말해. 고구려의 진대법처럼 곡식이 부족했던 봄에 빌려주었다가 가을걷이가 끝나면 돌려받았지. 그런데 언젠가부터 환곡이 마치 세금처럼 변하기 시작했어. 원하지도 않는 백성에게 환곡을 강제로 떠넘기고는 높은 이자를 받아 챙긴 거야. 나중에는 주지도 않은 환곡을 백성들에게 받아 내는 일도 생겼단다. 이런 일이 진주에서도 벌어지자 몰락한 양반 유계춘이 사람들을 모아 놓고 이런 말을 하게 된 거야.

유계춘의 말을 들은 사람들은 웅성거리기 시작했어.

"우리 손으로 탐관오리를 때려잡는다고? 그런데 우리가 무슨 힘

공북문

이 있나?"

하지만 처음에는 망설이던 사람들도 점차 유계춘의 말에 따르기 시작했어. 더 이상 참을 수 없던 사람들은 몽둥이를 들고 직접 탐관오리의 집에 쳐들어가기도 했지. 마침내 진주의 농민들이 벌 떼처럼 일어나기 시작한 거야. 봉기는 하루하루 지날수록 점점 거세졌고, 마침내 수만 명의 사람들이 진주성을 포위하는 지경까지 이르렀단다. 이 사건을 '진주 농민 봉기'라고 해.

저기 보이는 커다란 문이 진주성의 북문인 공북문이야. 2층 누각 아래 십여 미터가 넘는 육중한 화강암 입구가 정말 튼튼해 보이는구나. 하긴, 임진왜란 때 수만 명의 왜군을 막아 낸 성이니까. 그렇다면 몽둥이로 무장한 백성들이 아무리 많다 하더라도 진주성을 점령하기는 힘들지 않았을까? 그런데 이번엔 상황이 달랐어. 관리들의 잘못이 워낙 컸으니까. 화가 난 백성들에게 포위된 경상우병사 백낙신이 백성들을 달래기 위해 나왔어. 경상우병사는 경상우도의 군사 책임자야. 가만, 경상우도라고? 조선 시대에는 경상도를 남북이 아니라 좌우로 나누어 구분했거든.

백낙신이 나오자 몽둥이를 든 농민들이 우르르 달려가서는 백낙신을 꿇어앉혀 버렸어. 사실 백낙신이야말로 환곡을 가장 많이 떼어먹은 관리였거든. 백성들이 그 죄를 따지자 백낙신은 잘못을 인정하면서 앞으로 다시는 이런 일이 없게 하겠다고 맹세를 했지. 그

러고는 부정에 연루된 하급 관리 둘을 불러서 곤장을 쳤어. 스스로 꼬리를 자르고 냅다 도망치는 도마뱀처럼 위기를 모면하려고 한 거야. 결국 백낙신은 자신이 빼돌린 환곡을 모두 반납하고 억울하게 빼앗긴 백성들의 재산을 돌려주겠다는 각서를 쓰고 나서야 풀려날 수 있었어. 이 사실을 알게 된 조정에서는 관리를 보내 백낙신을 파직하고 잘못을 바로잡도록 했지. 만세!

이야기는 이렇게 행복하게 마무리되는 것일까? 아쉽게도 그렇지 않았어. 나라에서는 잘못을 바로잡겠다는 약속을 지키지 않았거든. 이런, 나라가 이렇게 백성을 속여도 되는 거야?

하필이면 세도 정치!

나라에서 약속을 지키지 않은 이유가 있었어. 나라를 움직이는 고위 관리들이 바로 탐관오리의 우두머리들이었으니까.

 세도 정치 시기에 권력을 잡은 사람들과 관리들은 많은 세금을 마음대로 거두어들여 백성들을 힘들게 하였다.

'세도 정치'란 왕과 친척 관계에 있는 사람들이 권력을 차지해 나라를 다스리는 것을 말해. 원래 조선의 정치는 사림들이 붕당을 이루어 서로 비판하고 견제하던 '붕당 정치'였어. 예를 들어 서인이 정권을 잡으면 동인이 견제를 하고, 북인이 정권을 잡으면 남인이 견제를 하는 식이었지. 그런데 정조가 죽은 이후에는 붕당 중에서도 극히 일부 집안 사람들만 권력을 독점하게 돼. 이들은 대개 왕실과 혼인 관계를 맺은 외척이기도 했어.

정조의 뒤를 이은 순조의 장인이었던 김조순이 세도 정치의 원조라고 할 수 있어. 왕까지 등에 업고 권력을 휘두르니, 세도 가문을 견제할 수 있는 사람은 아무도 없었어. 그러자 이들은 거리낌 없이 부정부패를 저질렀던 거야.

그중에서도 대표적인 것이 돈을 받고 벼슬을 파는 매관매직이었어. 돈을 주고 벼슬을 산 수령들은 그보다 훨씬 더 많은 돈을 백성들에게서 긁어내려고 했어. 백성을 쥐어짠 것은 바로 그런 수령을 보좌하는 지방 아전들이었어. 환곡을 떼어먹은 것도 바로 이들이었지. 이렇게 먹이 사슬이 이어져 있었으니 나라에서 아무리 지방 관리들의 잘못을 고치겠다고 한들 헛약속이 될 수밖에.

나라가 이 모양이어서 농민 봉기는 들불처럼 전국으로 퍼져 나갔어. 진주에서 시작해 경상도 전역에서 농민들이 일어나더니, 전라도와 충청도, 경기도까지 봉기가 이어졌지. 모두 70개가 넘는 고을에서 봉기가 일어났단다.

이렇게 1862년 한 해 동안 농민 봉기가 전국을 뒤덮었지만 결국 실패로 끝났어. 부정부패의 온상이었던 세도 정치가 전혀 개선되지 않았거든. 그렇다면 농민들은 아무것도 얻지 못하고 피해만 입었던 것일까? 겉보기에는 그랬어. 하지만 보이지 않는 성과도 있었지. 평소에는 무섭게 보였던 관리들도 농민들이 모여서 봉기를 일으키자 걸음아 날 살려라 도망쳐 버렸거든. 이걸 보면서 백성들은 자신들의 힘을 깨닫기 시작한 거야. 이런 경험은 훗날 동학 농민 운동과 의병 운동의 밑거름이 되었단다. 이렇게 세상을 바꾸려는 노력은 시대를 지나면서 이어진 거야.

진주 농민 봉기 또한 어느 날 갑자기 시작된 게 아니었어. 진주 농민들이 봉기를 일으키기 50여 년 전, 평안도의 백성들이 못 살겠다고 아우성치며 반란을 일으켰어. 세도 정치가 시작되고 몇 년 지나지 않은 때의 일이야. 이 반란은 홍경래라는 사람이 이끌었고, 그래서 '홍경래의 난'(1811~1812년)이라고 불러.

다음 중 진주 농민 봉기에 대한 설명으로 잘못된 것은?

① 환곡 문제 때문에 일어났다.
② 농민들이 진주성을 점령했다.
③ 조정은 잘못을 바로잡겠다는 약속을 지켰다.
④ 환곡 문제의 배경에는 세도 정치가 있었다.

정답 | ③번. 세도 정치에 빠져 있던 조정은 환곡 문제를 바로잡겠다는 약속을 어겼어.

평안도 사람들은 사람도 아닙메까?

홍경래의 난은 여러 점에서 다른 농민 봉기들과는 달랐어.

> 1811년, 마침내 홍경래는 세도 정치와 지방 차별을 비판하면서 평안도 사람들과 함께 난을 일으켰다. 홍경래의 난은 열흘 만에 청천강 이북 지역을 장악하면서 정부를 긴장하게 만들었다. 그러나 관군들의 진압 작전이 거세게 일어나, 홍경래 세력은 정주성에서 결국 진압되었다.

지방에 대한 차별이라, 다른 농민 봉기에선 들을 수 없었던 이야기군. 사실 평안도 사람들에 대한 차별은 조선 초부터 이어져 온 것이었어. 이곳 사람들은 과거에 합격해도 벼슬길에 오를 수가 없었지. 게다가 평안도는 중국으로 사신이 오가는 길목이었는데, 사신을 대접하는 비용을 평안도 사람들이 부담해야 했어. 벼슬길은 막

순무영진도

> 홍경래의 난을 누르기 위해 파견된 군대가 정주에서 농민군과 맞서고 있는 모습이야.

혀 있는데 빼앗기는 것은 많으니 자연히 사람들의 불만이 커질 수밖에.

홍경래의 난이 다른 농민의 난과 또 다른 점은 봉기의 목적이었어. 홍경래는 단순히 탐관오리를 혼내 주는 정도가 아니라, 아예 조선 왕조를 무너뜨리려 했거든. 이거, 정말 다른 농민 봉기들과는 규모가 다른걸?

이런 목표에 걸맞게 홍경래는 반란을 10년 동안이나 철저히 준비했단다. 전국을 돌며 함께 반란을 이끌 인물들을 모았고, 고향인 평안도로 돌아와서는 금광을 개발한다며 사람들을 모아서 군사 훈련을 시켰어. 그래서 불과 열흘 만에 청천강 이북에 있던 8개의 고을을 손에 넣을 수 있었던 거야.

홍경래의 농민군이 이렇게 세력을 떨칠 수 있었던 데에는 백성들의 호응이 큰 몫을 했어. 농민군은 점령한 고을의 감옥을 열어 억울한 죄수들을 풀어 주고, 창고를 열어 백성들에게 곡식을 나눠 주

었거든. 가뜩이나 평안도에 대한 차별과 세도 정치 탓에 살기 어려웠던 백성들이 홍경래를 지지할 수밖에.

하지만 시간이 지나면서 관군의 숫자가 많아지고 지역 양반들을 중심으로 한 의병들까지 나타나면서 농민군은 밀리게 되었단다. 처음에 홍경래의 편에 섰던 백성들도 점차 등을 돌리기 시작했어. 창고를 열어 쌀을 나눠 준 것 말고는 농민들을 위해 이렇다 할 행동을 한 게 없었거든. 세금을 줄이는 등 농민들을 위한 개혁안을 마련하지 못한 것이 아쉬운 대목이야. 결국 관군에게 밀리던 농민군은 정주성에서 벌어진 마지막 싸움에서 패하고 홍경래 또한 목숨을 잃으면서 홍경래의 난은 끝을 맺고 말았지.

혼란 속으로 빠져든 조선 사회

　홍경래의 난은 끝났지만 농민들의 봉기는 이어졌어. 여기에는 홍경래가 죽지 않았다는 소문도 한몫을 했지. 정주성에서 죽은 홍경래는 가짜고, 진짜는 성벽이 무너질 때 몸을 날려서 달아났다는 거야. 이런 소문은 10여 년 동안이나 백성들 사이에 돌고 돌면서 제2, 제3의 홍경래의 난을 꿈꾸는 봉기가 꼬리를 물었단다. 그러다 1862년에는 앞에서 살펴본 대로 진주에서 대규모 농민 봉기가 일어났던 거고. 조선 후기 농민 봉기가 일어난 지역을 표시한 옆의 지도를 보면 함경도에서 제주도까지 거의 모든 지역에서 농민 봉기가 일어났다는 사실을 눈으로 확인할 수 있군.

　임진왜란과 병자호란을 거치면서 시작된 조선 후기는 영조와 정조 시대를 지나면서 찬란한 꽃을 피웠지만, 세도 정치와 농민 봉기가 이어지면서 나라 상황은 어지러워졌어. 이건 단지 정치가 잘못되었기 때문만은 아니야. 농업 기술이 발달하면서 경제가 크게 변화했고, 신분 제도가 흔들리면서 사회도 많이 달라지게 되었지. 이런 모든 변화들이 조선 후기의 혼란을 부추긴 거란다. 때마침 동쪽으로 세력을 뻗어 오던 서양 세력과도 부딪치면서 조선 사회는 이전까지 겪어 보지 못한 거대한 혼란의 소용돌이 속으로 빠져들게 된단다.

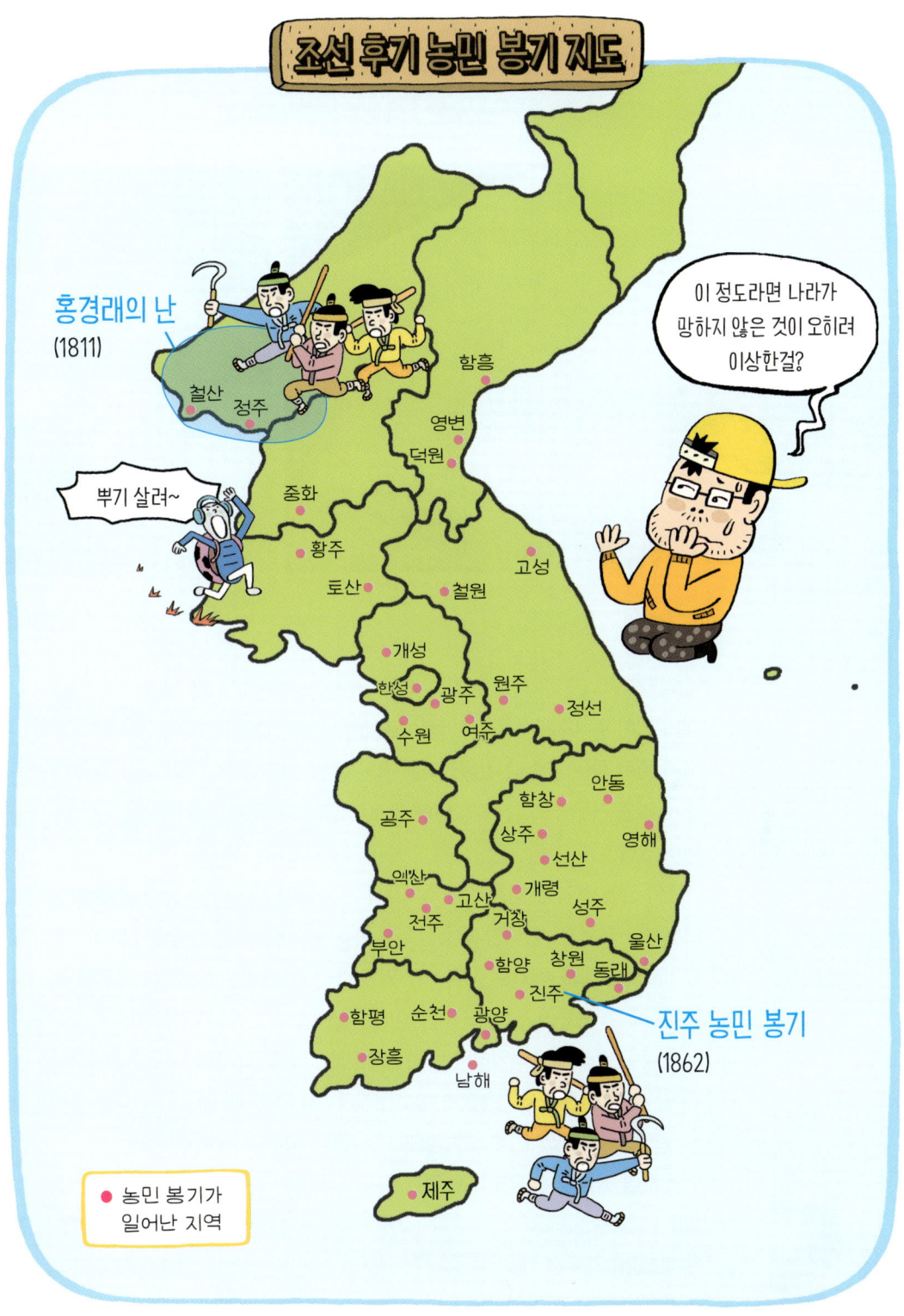

백성들이 지키고 뒤엎다! 진주성과 국립진주박물관

촉석루에서 본 풍경

의암

    임진왜란과 진주 농민 봉기의 역사 현장인 진주성이 처음 세워진 것은 삼국 시대의 일이야. 이때는 흙으로 쌓은 토성이었는데, 고려 말에 왜구의 침략에 대비해서 돌로 튼튼하게 다시 쌓았다는구나. 훗날 임진왜란이 일어났을 때 이곳에서 큰 승리를 거두었으니, 고려 말에 돌로 성을 쌓은 것은 정말 앞날을 내다본 행동이 되었네.

    진주성에서 가장 아름다운 촉석루에 올라서면 아름다운 남강과 주변 경치가 그림처럼 펼쳐져. 건너편에서 진주성 쪽을 볼 때와는 또 다른 풍경이지. 전쟁이 벌어지면 군대를 이끄는 지휘소가 되었지만, 평소에는 선비들이 풍류를 즐기던 곳이기도 했다는구나.

    촉석루 아래에는 의암이라는 바위가 있어. 이름 그대로 '의로운 바위'라는 뜻이지. 바로 여기서 의기(의로운 기생) 논개가 임진왜란 때 왜군의 장수를 끌어안고 남강으로 뛰어들었대. 촉석루 옆에는 논개를 기리는 사당이 있단다.

    진주성 곳곳에서 눈에 띄는 것은 이곳에서 싸우다 숨진 의병들의 추모비야. 추모비 속의 주인공들이 숨을 거둔 것은 진주성 대첩 이후에 벌어진 2차 진주성 전투 때였어. 진주성 대첩 때 참패한 왜군이 10만의 병력을 이끌고 다시 진주성을 공격했거든. 이때 성안에는 7만여 명이 있었지만, 그중 군인은 수천 명에 불과

국립진주박물관

했어. 결국 진주성은 함락되었고 성안의 백성들은 대부분 목숨을 잃고 말았단다. 논개가 왜군 장수를 끌어안고 남강에 몸을 던진 것도 진주성이 함락된 직후였어. 논개는 억울하게 죽어 간 백성들의 원수를 갚은 것이었지.

　임진왜란과 진주성 대첩 등에 관련한 역사는 진주성 안에 있는 국립진주박물관에서 자세히 살펴볼 수 있어. 박물관 2층의 널찍한 공간에 임진왜란에 관련된 유물들만 따로 전시하고 있거든. 당시 사용된 무기와 갑옷, 싸움을 묘사한 그림들이 임진왜란의 모습을 실감 나게 보여 주고 있단다. 하지만 진주 농민 봉기에 대한 유물은 별로 없는 것이 조금 아쉬워. 당시의 기록 몇 점만, 그것도 복제본으로 전시할 뿐이니까. 진주성을 둘러보면서 목숨을 바쳐 나라를 구한 의병들뿐 아니라, 목숨을 바쳐 나라를 바꾸려고 한 농민군의 함성도 잊지 말자.

:: 알아 두기 ::

가는 길 　진주시외버스터미널에서 걸으면 20분, 택시를 타면 기본 요금으로 도착.

관람 소요 시간 　약 2시간.

휴관일 　진주성: 연중무휴
　국립진주박물관: 매주 월요일, 1월 1일 휴관.

추천 코스 　진주성을 먼저 둘러본 후, 그 안쪽에 자리 잡은 국립진주박물관을 관람할 것!

찾아보기

내상 63, 64
노론 40, 42, 128, 129
녹로 113, 136, 137

ㄱ

간평의 108
갈릴레이 111
감자 57
거중기 102, 103, 113, 114, 136, 137
경강상인 63
『경세유표』 114
고구마 57
고려청자 165, 166
고성 오광대놀이 178, 180
고추 57, 58
「곤여만국전도」 93, 94
골뿌림법 19, 54, 55, 72
공납 20, 35~37, 124
공명첩 22, 23, 70~73, 76, 79
광해군 15, 33, 36, 122
규장각 130, 131
균역법 125, 126
「길쌈」 208
김만덕 203~205
김육 20, 37, 104
김정호 107, 109, 111
김조순 219
김홍도 55, 59, 75, 76, 80, 83, 133, 160~162, 185, 194, 208, 209
김효원 41

ㄴ

나전 칠기 167, 168
남인 40~46, 218

ㄷ

담배 57
대동법 19, 20, 33~37, 104, 122, 124, 125
「대동여지도」 107~109, 111, 112
『대동지지』 107, 108
도요토미 히데요시 18, 37
도쿠가와 이에야스 38
도화서 162
「동국대지도」 111
『동국문헌비고』 126
『동의보감』 29~33, 37, 48, 49, 121
동래 63
동인 39~42, 96, 218
동인도 회사 96, 98
동학 143, 151~154
동학 농민 운동 152, 154, 220

ㄹ

루터 90

ㅁ

『마과회통』 114
마테오 리치 88, 93, 104, 146
「만덕전」 204
만상 63, 64
모내기법 19, 54~56, 72, 105
『목민심서』 24, 112, 113, 118
문자도 159
민화 159, 160, 163, 164, 170

ㅂ

박규수 108
박제가 106, 107, 118
박지원 74, 80, 106, 107
『반계수록』 105, 106
『발해고』 107, 115
방납 35, 36
백낙신 217, 218
백수백복도 159
병인박해 149, 155
병자호란 15, 18~24, 29, 30, 37, 39, 54, 56, 58, 64, 71, 82, 89, 99, 102, 103, 113, 121, 206, 214, 224
봉산 탈춤 178, 180
북벌론 103
북인 40~42, 218
북학론 103
『북학의』 106
북학파 103, 107~109, 115
분청사기 165, 166
붕당 정치 39, 81, 218
「빨래터」 209

ㅅ

사도세자 127~130, 133
사림 40, 41
사설시조 173, 18~183, 188
『산림경제』 107, 108
삼종지도 197, 199, 206
상평통보 20~22, 51, 52, 54
서인 40~46, 129, 218
서학 104, 143, 145, 148, 151~154
선조 29, 33, 40, 41, 49, 73, 94, 121, 148
성리학 95, 102, 106
성삼문 182, 184

세도 정치 218~224
세책점 185, 189
소론 40, 42, 129
『속대전』 126
『속오례의』 126
송상 62~64
송파 산대놀이 178, 180
「수궁가」 177
수레 103, 104, 106, 107, 115
숙종 27, 36, 42~47, 52, 54, 94, 104, 121, 122, 129, 188
시헌력 104
신문고 17, 124, 126, 133
신사임당 43, 67, 196, 200
신윤복 162, 202
신재효 173, 174
실학 24, 87, 88, 94, 95, 101~104, 112, 115
「심청가」 174, 176
『심청전』 186
십전통보 51
「씨름도」 160, 161

ㅇ

『아언각비』 118
안용복 47
안향 102
『양반전』 74, 80
『언문지』 107, 108, 115
「연못가의 여인」 162
연행사 89, 94
『열하일기』 107
엽전 20, 51, 53
영조 17, 26, 27, 46, 111, 121~129, 133, 140, 224
예송 논쟁 40, 42, 45, 102
옹기 166~168

「우물가」 208
유계춘 214~216
유득공 107, 115
유형원 105, 106, 115, 118
윤지충 148, 149
이승훈 143, 144
이이(율곡) 196
이이명 104
이익 106, 118
인내천 152
인조 36, 42
인현 왕후 43~45
임진왜란 15~18, 21~24, 29, 30, 36~43, 49, 54, 56, 58, 64, 71, 88, 99, 113, 121, 148, 213, 214, 217, 224, 228

ㅈ

「자리 짜기」 75, 76, 209
자명종 87, 88, 90, 91, 104
자의 대비 40
작호도 159, 163, 164
장 희빈(장옥정) 43~46, 122
장(시장) 57~63, 214
장용영 130, 136, 139
『장화홍련전』 186, 189
「적벽가」 177
전기수 185
「점심」 208
정상기 111
정약용 24, 100, 102, 106, 112~119, 136, 138
정여립 41
정조 27, 77, 107, 113~117, 129~133, 136, 138, 140, 141, 134, 148, 161, 203~205, 219
정철 40~42

조선백자 165, 166
『조선왕조실록』 141
조선통보 51, 52
종교 개혁 90
지동설 109, 111,
진주 농민 봉기 216, 220, 221, 225~227
집현전 130

ㅊ

천리경 87, 88, 90, 91
천주교 143~152, 155
『천주실의』 144~146
청화 백자 166
최제우 151~154
「춘향가」 174, 176
『춘향전』 186

ㅋ

코페르니쿠스 111

ㅌ

탈놀이 173, 178~181, 188
탐관오리 214, 215, 218, 222
탕평비 122, 123
탕평책 122~124, 129
토마토 57
통신사 37, 38, 89

ㅍ

판소리 173~176, 178, 181, 186, 188
판소리계 소설 186
풍속화 160, 162, 208, 209

ㅎ

하멜 95~99
『하멜 표류기』 95~97
하회 별신굿 탈놀이 178~180
한글 소설 131, 173, 181, 184, 186, 188, 189
『해동역사』 107
「행상」 209
허균 186, 200
허난설헌 200~203
허준 29~33, 48, 49
「혼일강리도」 92
「혼일강리역대국도지도」 52, 54, 91
홍경래의 난 220~225
『홍길동전』 131, 186~189
홍대용 109
홍문관 130
화성 102, 117, 133, 136~139
화조도 159, 164
화폐 19, 21, 51~54, 61, 66, 67
환곡 214~219, 221
효종 20, 36, 38, 40, 42, 97
후천 개벽 152, 153
『흠흠신서』 117, 118
「흥부가」 177
『흥부전』 186

참고한 책과 사이트

강명관『조선 풍속사 1』, 푸른역사 2010.
강명관『조선의 뒷골목 풍경』, 푸른역사 2003.
고미숙『열하일기, 웃음과 역설의 유쾌한 시공간』, 그린비 2003.
국사편찬위원회, EBS 역사채널ⓔ『역사 e 1~3』, 북하우스 2013.
규장각한국학연구원『조선 여성의 일생』, 글항아리 2010.
규장각한국학연구원『조선 전문가의 일생』, 글항아리 2010.
김동욱『실학 정신으로 세운 조선의 신도시, 수원 화성』, 돌베개 2002.
김종성『조선 노비들, 천하지만 특별한』, 역사의아침 2013.
남경태『종횡무진 한국사-하』, 그린비 2009.
미야지마 히로시『양반』, 노영구 옮김, 강 1996.
박시백『박시백의 조선왕조실록 13~18』, 휴머니스트 2015.
박은봉『한국사 편지 3』, 책과함께어린이 2009.
서울문화사학회『조선시대 서울 사람들 1, 2』, 어진이 2003.
손승철『조선통신사, 일본과 通하다』, 동아시아, 2006.
아틀라스 한국사 편찬위원회『아틀라스 한국사』, 사계절 2004.
양택규『경복궁에 대해 알아야 할 모든 것』, 책과함께 2007.
『역사비평』편집위원회『논쟁으로 읽는 한국사 2』, 역사비평사 2009.
이덕일『정약용과 그의 형제들 1, 2』, 다산초당 2012.
이민희『조선의 베스트셀러』, 프로네시스 2007.
이상각『조선팔천』, 서해문집 2011.
이성무『조선시대 당쟁사 1, 2』, 아름다운날 2007.
이욱『마주 보는 한국사 교실 6』, 웅진주니어 2010.
이이화『한국사 이야기 13~16』, 한길사 2015.
이현군『옛 지도를 들고 서울을 걷다』, 청어람미디어 2009.
임기환 외『현장검증 우리 역사』, 서해문집 2010.
정수일『한국 속의 세계-하』, 창비 2005.
정숭교『미래를 여는 한국의 역사 4』, 웅진지식하우스 2011.
정연식『일상으로 본 조선시대 이야기 1, 2』, 청년사 2001.
정은임 외『궁궐 사람들의 삶과 문화』, 태학사 2007.
한국생활사박물관편찬위원회『한국생활사박물관 10』, 사계절 2004.
한영우『다시 찾는 우리 역사』, 경세원 2014.
한영우『조선의 집 동궐에 들다』, 효형출판 2006.
허경진『조선의 중인들』, RHK 2015.

홍순민 『우리 궁궐 이야기』, 청년사 1999.

국사편찬위원회 history.go.kr
문화콘텐츠닷컴 culturecontent.com
우리역사넷 contents.history.go.kr
조선왕조실록 sillok.history.go.kr
한국민족문화대백과사전 encykorea.aks.ac.kr
한국사데이터베이스 db.history.go.kr
한국역사통합정보시스템 koreanhistory.or.kr

사진 제공

가회박물관	158면, 163면, 164면
국립민속박물관	32면, 167면~169면, 207면
국립여성사전시관	192면, 197면, 198면, 210~211면
국립중앙도서관	25면
국립중앙박물관	20~22면, 39면, 53면(돈궤), 52면(조선통보, 상평통보), 55면, 59면, 63면, 68면, 70면, 76면, 82면, 83면, 89면, 111면, 132면, 134~135면, 161면, 162면, 165면, 185면
굿이미지	14면, 86면(박물관 내부), 120면
문화재청	139면(화성행궁), 200면(난설헌집)
실학박물관	86면(천리경, 자명종), 92면, 104면, 105면, 109면
연합뉴스	97면, 122면, 170면, 172면(박물관 내부), 180면(은율 탈춤, 강령 탈춤, 고성 오광대놀이, 양주 별산대놀이, 하회 별신굿 탈놀이)
절두산순교성지	144면
한국관광공사	47면
한국금융사박물관	64면
한국은행화폐박물관	52면(은병, 쇄은), 53면(돈나무), 66~67면
한국학중앙연구원	91면, 110면, 137면, 222면
허준박물관	28면, 48~49면
WIKIMEDIA COMMONS	S0ch1 100면, 잉여빵 139면(서남암문, 서장대, 장안문, 화홍문), Oreum 139면(창룡문, 봉돈), Steve46814 175면, Ralph Honsbeek 180면(봉산 탈춤), Caspian blue 182면(송파 산대놀이)

이 책에 수록된 사진 중 일부는 원저작권자를 확보하기 위한 노력에도 불구하고 권리자의 허가를 확보하지 못한 상태로 출간되었습니다.
저작권자가 확인될 시 창비는 원저작권자와 최선을 다해 협의하겠습니다.
All reasonable measures have been taken to secure Korean translation copyright of the photos in this book, but some of them couldn't be legally secured. If the copyright holders appear, Changbi will take responsibility for the use of the photos and discuss the best way of copyright use.

'재미있다! 한국사' 시리즈에 자문해 주신 선생님들

강무석 수원 율전초등학교	김성주 서울 군자초등학교	김현정 광양 옥룡초등학교	박정순 용인 서원초등학교
강선하 인천 해원초등학교	김성주 포천 선단초등학교	김현정 공주 태봉초등학교	박정은 남원용성초등학교
경현미 양산 소토초등학교	김세왕 인천장도초등학교	김현진 원주삼육초등학교	박정환 안양호암초등학교
공병묵 인천 서림초등학교	김송정 용인 성복초등학교	김혜정 서울 구암초등학교	박주송 대구도원초등학교
곽형준 창원 토월초등학교	김수진 인천병방초등학교	김희숙 광주 장덕초등학교	박지민 서울언주초등학교
구서준 서울보라매초등학교	김순선 부산 기장초등학교	나진경 인천안남초등학교	박진환 논산 내동초등학교
구양은 수원 갈곡초등학교	김시연 양평초등학교	남지은 동해초등학교	박해영 동대구초등학교
구윤미 대전버드내초등학교	김영희 광주 미산초등학교	노경미 창원 사파초등학교	박현웅 고양 상탄초등학교
권동근 포항 신광초등학교	김외순 서울천왕초등학교	노하정 안산 시랑초등학교	박현주 대구남산초등학교
권민정 인천원당초등학교	김윤정 서울 신자초등학교	문재식 해남 서정분교	박혜옥 남양주 진건초등학교
권윤주 광명 하안북중학교	김은미 수원 효성초등학교	문철민 순천인안초등학교	박효진 오산 운산초등학교
권지혜 부산 연제초등학교	김은형 성남 서현초등학교	문희진 서울언북초등학교	방세영 서울천일초등학교
권태완 파주 연풍초등학교	김재수 서울 중랑초등학교	민선경 서울당중초등학교	방혜경 안양 관양초등학교
권효정 서울계남초등학교	김정수 밀양초등학교	민지연 대전두리초등학교	배능재 대전성모초등학교
길혜성 화성 능동초등학교	김정아 서울삼선초등학교	박경진 대구 운암초등학교	배현진 남양주 평동초등학교
김경아 경주 아화초등학교	김정은 서울상일초등학교	박길훈 남양주 수동초등학교	백미연 상주남부초등학교
김고은 대구 운암초등학교	김주현 창원 진해웅천초등학교	박미숙 대구관문초등학교	백소연 천안 성환초등학교
김기옥 청주 각리초등학교	김지영 서울 가주초등학교	박미영 부천 상원고등학교	봉혜영 인천 심곡초등학교
김기호 대구 관문초등학교	김지인 부천 부인초등학교	박상휴 파주 해솔초등학교	설명숙 군산푸른솔초등학교
김나미 대전상원초등학교	김진아 서울가동초등학교	박선옥 고양 행신초등학교	설성석 대구태전초등학교
김나영 남양주월문초등학교	김진영 서울 수색초등학교	박선하 서울일신초등학교	성기범 창원 해운초등학교
김명준 안산 덕성초등학교	김찬경 제주 서귀포초등학교	박송희 광주 광림초등학교	손미령 제주 한천초등학교
김문희 대구동부초등학교	김취리 서울수암초등학교	박수연 동대전초등학교	송유리 인천당하초등학교
김보라 서울 두산초등학교	김태영 김포 신양초등학교	박순천 서울 상곡초등학교	송정애 대전갑천초등학교
김보람 제주 도남초등학교	김행연 용인 산양초등학교	박연신 서울동교초등학교	송지원 서울사당초등학교
김보미 서울 전농초등학교	김현경 부산 명덕초등학교	박영미 시흥 도일초등학교	송지혜 서울오현초등학교
김봉준 시흥도원초등학교	김현랑 광주 장덕초등학교	박영수 고양 오마초등학교	시지양 파주 장파초등학교
김상일 서울천왕초등학교	김현아 광주 매곡초등학교	박은정 안양 호계초등학교	신수민 진천 상신초등학교
김선영 안양 호성초등학교	김현애 서울영림초등학교	박인숙 서울 숭덕초등학교	신은하 파주 금릉중학교
김선혜 인천동수초등학교	김현정 안산 석호초등학교	박정례 서울발산초등학교	신주은 인천 소양초등학교

신지영 남양주 진건중학교	이경희 고양 백양초등학교	장병학 김해 진영대창초등학교	최보순 순천 상사초등학교
심은영 고양 송포초등학교	이금자 포천 관인초등학교	장성훈 김천 개령서부초등학교	최영미 서울 면중초등학교
심지선 익산 낭산초등학교	이명진 서울계남초등학교	장영만 완도 보길초등학교	최영선 의왕초등학교
안시현 광주 불로초등학교	이미애 대구운암초등학교	장인화 천안 두정초등학교	최영순 울산 매산초등학교
양미자 부산 연동초등학교	이미옥 상주 백원초등학교	장희영 장흥 회진초등학교	최은경 울산 달천중학교
양선자 고양 일산초등학교	이미정 인천귤현초등학교	전미영 대구 신매초등학교	최은경 청주 덕성초등학교
양선형 고양동산초등학교	이상화 남양주 진건초등학교	전영희 동해중앙초등학교	최은경 군포초등학교
양유진 서울반포초등학교	이수진 고양 무원초등학교	정금도 진주 봉래초등학교	최정남 담양동초등학교
양정은 당진 원당중학교	이슬기 서울북가좌초등학교	정미나 부산 가야초등학교	최종득 거제 제산초등학교
양해란 화성 숲속초등학교	이애지 서울원신초등학교	정민석 남양주 진건초등학교	최지연 서울 강명초등학교
양혜선 춘천 동내초등학교	이어진 서울 반포초등학교	정수옥 군포 능내초등학교	최혜영 서울강명초등학교
어유경 안양 범계초등학교	이엄지 여주 죽림초등학교	정용석 고양 무원초등학교	하선영 대구 대서초등학교
엄혜진 서울 안산초등학교	이윤숙 가평 조종초등학교	정유정 서울신은초등학교	하영자 부천 범박초등학교
여유경 대전 대덕초등학교	이윤아 광명 하안남초등학교	정윤미 서울오류초등학교	한수희 대전성천초등학교
염선일 오산원일초등학교	이윤진 서울조원초등학교	정인혜 부천 부인초등학교	한은영 안산 선부초등학교
오선미 대전목양초등학교	이은경 서울 월계중학교	정지운 삼척초등학교	한주경 인천 부원여자중학교
오해선 거제 진목초등학교	이은숙 홍성 덕명초등학교	정하종 아산 용화초등학교	한지화 전주인후초등학교
우경숙 서울구로초등학교	이재숙 의왕 백운초등학교	정혜선 인천 공촌초등학교	함욱 시흥 함현초등학교
유경미 고양 무원초등학교	이재형 서울 영훈초등학교	조동화 서울 광성해맑음학교	홍성대 부산 삼덕초등학교
유다영 구리 구룡초등학교	이종화 남양주 진건초등학교	조미경 대구 운암초등학교	홍정기 남양주 진건초등학교
유소녕 서울아현초등학교	이준미 부산 신덕초등학교	조미숙 서산 부성초등학교	홍현정 대구 불로초등학교
윤민경 대구 강북초등학교	이준엽 남양주 진건초등학교	조민섭 포항 연일초등학교	황기웅 해남서초등학교
윤선웅 시흥 군서초등학교	이진영 서울 공릉초등학교	조은미 통영 진남초등학교	황성숙 화성 반송초등학교
윤영란 대전버드내초등학교	이현주 남양주 진건초등학교	조은희 서울 문성초등학교	황정임 양산 신양초등학교
윤영옥 화천 상승초등학교 노동분교	이형연 영광 백수초등학교	조한결 남양주 진건초등학교	황지연 김포 감정초등학교
윤일호 진안 장승초등학교	이형경 서울숭미초등학교	조한내 광명 광문초등학교	황혜민 김포 신곡초등학교
윤창희 시흥신천초등학교	이효민 남양주 장내초등학교	조형림 수원 곡정초등학교	*2014년 기준 소속 학교 표시
윤혜선 용인초등학교	임미영 천안 불당초등학교	진주형 김해 구봉초등학교	
윤혜자 화성 배양초등학교	임정은 의정부중앙초등학교	진현 수원 황곡초등학교	
이경진 울산 신복초등학교	임행숙 광양 옥룡초등학교	천진승 김해 생림초등학교	